V13

Emmanuel Carrère

V13

O julgamento dos atentados de Paris

TRADUÇÃO
Mariana Delfini

ALFAGUARA

Cet ouvrage, publié dans le cadre du Programme d'Aide à la Publication année 2024 Carlos Drummond de Andrade de l'Ambassade de France au Brésil, bénéficie du soutien du Ministère de l'Europe et des Affaires étrangères.

Este livro, publicado no âmbito do Programa de Apoio à Publicação ano 2024 Carlos Drummond de Andrade da Embaixada da França no Brasil, contou com o apoio do Ministério francês da Europa e das Relações Exteriores.

AMBASSADE
DE FRANCE
AU BRÉSIL
Liberté
Égalité
Fraternité

Grafia atualizada segundo o Acordo Ortográfico da Língua Portuguesa de 1990, que entrou em vigor no Brasil em 2009.

Título original
V13: Chronique judiciaire

Capa
Violaine Cadinot

Imagem de capa
gertrudda/ Adobe Stock

Revisão de termos jurídicos
Professor Doutor Antonio Carlos Morato

Preparação
Gisela Anauate Bergonzoni

Revisão
Huendel Viana
Aminah Haman

Dados Internacionais de Catalogação na Publicação (CIP)
(Câmara Brasileira do Livro, SP, Brasil)

Carrère, Emmanuel
V13 : O julgamento dos atentados de Paris / Emmanuel Carrère ; tradução Mariana Delfini. — 1ª ed. — Rio de Janeiro : Alfaguara, 2024.

Título original : V13 : Chronique judiciaire.
ISBN 978-85-5652-227-6

1. Atentados de 13 de novembro de 2015 (França) – Julgamento I. Título.

24-204691 CDD-364.13170944

Índice para catálogo sistemático:
1. França : Atentados : Terrorismo : Criminologia 364.13170944
Cibele Maria Dias – Bibliotecária – CRB-8/9427

EDITORA SCHWARCZ S.A.
Praça Floriano, 19, sala 3001 — Cinelândia
20031-050 — Rio de Janeiro — RJ
Telefone: (21) 3993-7510
www.companhiadasletras.com.br
www.blogdacompanhia.com.br
facebook.com/editora.alfaguara
instagram.com/editora_alfaguara
x.com/alfaguara_br

Sumário

AS VÍTIMAS

O primeiro dia

O RETORNO DAS FÉRIAS

Oito de setembro de 2021, meio-dia. Île de la Cité, sob grande proteção policial. Somos algumas centenas de pessoas e estamos passando pela primeira vez por estes detectores de metal pelos quais passaremos todos os dias ao longo de um ano. Estes policiais que hoje cumprimentamos, muito provavelmente cumprimentaremos com frequência. Vão se tornar familiares os rostos destes advogados que levam o crachá na ponta de um cordão preto, destes jornalistas de cordão laranja, destas vítimas de cordões verdes ou vermelhos. Alguns ficarão amigos: o grupinho de pessoas com quem faremos a travessia e trocaremos anotações e impressões, com quem nos alternaremos quando o dia for longo demais e, quando ele tiver sido desgastante demais, sairemos para beber alguma coisa, tarde da noite, na cervejaria Les Deux Palais. A pergunta que todos nos fazemos: você acha que vai vir sempre? Bastante? Você tem um esquema para o resto da vida? Com a família? As crianças? Já sabemos que alguns vão só dar uma passada nos dias que imaginamos ser os mais intensos. Outros prometeram vir todos os dias, viver tanto os tempos mortos quanto os tempos fortes. Sou um destes. Será que vou aguentar o tranco?

A PROGRAMAÇÃO

No fim de julho ficamos sabendo que o julgamento não levaria seis, e sim nove meses. Um ano letivo, uma gestação. A programação não mudou. O que mudou é o tempo destinado às vítimas. São cerca de 1800. Ainda não se sabe quantas vão depor. Elas poderão ser arroladas ou desistir até o último minuto. Reserva-se em média meia hora para cada uma — mas quem vai ter coragem de dizer "o tempo para depor se esgotou" para uma pessoa que estiver tentando encontrar palavras para descrever o inferno do Bataclan? Essa meia hora talvez se transforme em uma hora, os seis meses estão se tornando um ano, e não devo ser o único que está pensando por que estou me preparando para passar um ano da minha vida enfiado numa sala de audiência gigantesca, com uma máscara cobrindo o rosto, cinco dias por semana, acordando ao nascer do sol para passar a limpo as anotações da véspera antes que elas se tornem ilegíveis — o que, na prática, significa não pensar em mais nada nem ter vida nenhuma durante um ano. Por quê? Por que estou me submetendo a isso? Por que ofereci essa crônica de fôlego para o *L'Obs*? Se eu fosse advogado ou qualquer outro ator do grande aparato da Justiça, seria óbvio: estaria fazendo meu trabalho. A mesma coisa se eu fosse jornalista. Mas um escritor a quem ninguém pediu nada e que, como dizem os psicanalistas, só se ampara no seu próprio desejo? Que desejo esquisito. Não fui atingido pelos atentados, nem eu nem ninguém do meu círculo de amizade. Contudo, a Justiça me interessa. Em certo livro descrevi os procedimentos de um tribunal penal; em outro, o trabalho obscuro de um tribunal de primeira instância.* Isto que está começando hoje não vai ser o Nuremberg do terrorismo, como às vezes dizem: em Nuremberg foram julgados os altos dignitários nazistas, aqui serão julgados os comparsas, porque aqueles que mataram morreram. Mas também vai ser algo imenso, algo inédito, que quero presenciar: esse é o primeiro motivo. Outro motivo é que, mesmo não sendo especialista em islã, muito menos arabista, também me interesso por religiões, por suas mutações patológicas — e por esta pergunta: onde começa a patologia? Em se tratando de Deus, onde começa a loucura? O que se passa na cabeça desses sujeitos? Mas o principal motivo não é esse. O principal motivo é que centenas de seres humanos que têm em comum o fato de terem vivido aquela noite de 13 de novembro de 2015, de terem sobrevivido a ela ou àqueles que amavam, vão se postar à

* O autor se refere, respectivamente, aos livros *O adversário* (2000) e *Outras vidas que não a minha* (2009). (N. T.)

nossa frente e falar. Vamos ouvir experiências extremas de morte e de vida, um dia depois do outro, e acredito que, entre o momento em que entrarmos nesta sala de audiência e o momento em que sairmos dela, alguma coisa em todos nós terá se transformado. Não sabemos o que esperamos, não sabemos o que vai acontecer. Vamos em frente.

A CAIXA

Já foi dito e redito que este será o julgamento do século, um julgamento para entrar na história, um julgamento paradigmático. Perguntou-se qual recinto estaria à altura dessa imensa propaganda para a Justiça. O novo tribunal, aberto há três anos em Porte de Clichy, bem ao norte de Paris? Moderno demais, muito fora de mão. Um ginásio? Não tem a solenidade suficiente. Uma sala de espetáculos? De mau gosto, depois do Bataclan. Por fim, optou-se pelo venerável palácio da Île de la Cité, entre a Sainte-Chapelle, construída por São Luís, e o Quai des Orfèvres, por onde ronda a sombra do comissário Maigret, e já que nenhuma sala era suficientemente grande construiu-se no átrio esta caixa de madeira compensada branca, com 45 metros de comprimento por quinze metros de largura, sem uma única janela, que acomoda seiscentas pessoas e custou 7 milhões de euros ao Estado. Não tem lugar para todos no primeiro dia, então tiramos na sorte quais jornalistas poderão entrar. Apenas do *L'Obs*, somos três: Violette Lazard e Mathieu Delahousse — que vão cobrir o julgamento para o site, no ritmo febril do jornalismo diário — e eu, que o acompanho no ritmo confortável da revista: 7800 caracteres por semana, com entrega na segunda-feira e publicação na quinta, como nos velhos tempos. Esperamos nos complementar. Violette e Mathieu são nomes de peso na cobertura do Judiciário — eles abreviam para *presse ju'* [imprensa "ju"] —, classe unida e acolhedora, cheia de personalidades fortes, da qual já fui próximo e que estou feliz em reencontrar. Estar com eles me traz segurança, e eles recebem amigavelmente o novato que empurraram para debaixo de suas asas. Sai no sorteio um lugar para o *L'Obs* e eles o concedem a mim, como um presente de boas-vindas. Estou espremido entre o enviado especial do *New*

York Times e o da Radio Classique. É bizarro que a Radio Classique mande alguém, mas Violette e Mathieu me avisaram: daqui a pouco fica mais tranquilo. As equipes de TV, dando chilique na entrada da sala porque é proibido filmar o lado de dentro, vão empacotar seus equipamentos, e o enviado especial da Radio Classique vai voltar para suas sinfonias; só vai ficar quem trabalha de verdade com isso, os especialistas em crime e terrorismo — eles abreviam para *le terro* [o "terrô"]. Nossos bancos são muito desconfortáveis, duros, sem sequer um mínimo estofado. Não há nenhum apoio nem mesinha: escrevemos direto no computador ou, como eu, num caderno, pensamos que vai ser sofrido passar meses e meses tomando notas em cima do joelho, mudando de posição o tempo todo à procura de alguma que seja menos pior. Além de tudo, estamos longe. Longe do palco do teatro que é o tribunal, tão longe que vamos olhar principalmente para as telas de transmissão. Para dizer a verdade, é mais ou menos como se acompanhássemos o julgamento pela televisão. 12h25, estremecimento geral. Sob uma escolta pesada de policiais, os réus entram no aquário. Vemos mais o reflexo do vidro do que a eles atrás desse reflexo. Levantamos, esticamos o pescoço, nos perguntamos: ele está aqui? Sim, ele está aqui. Salah Abdeslam está aqui. Esse sujeito de camiseta polo preta, o mais distante de nós, é ele, o único integrante sobrevivente do comando. Ele está no fundo do aquário, mas não é de propósito, para não ser visto, e sim devido à ordem alfabética. É o primeiro de uma longa série de A: Abdeslam, Abrini, Amri, Attou, Ayari. Soa uma campainha estridente. Uma voz anuncia: "A Corte". Todos se levantam, como numa missa. O presidente e seus quatro assistentes entram, tomam seus lugares. Com uma ponta de sotaque de Marselha, o presidente diz: "Declaro aberta esta sessão do colendo Tribunal de Justiça". Começou.

No aquário

A CHAMADA

No tribunal penal a Justiça é feita por um júri popular, composto de cidadãos escolhidos por sorteio. Nos processos de terrorismo, por medo de represálias, a Corte é composta de magistrados de carreira, para quem esse é um dos riscos da profissão. Portanto, em volta do presidente há quatro magistrados, ou melhor, quatro magistradas. Vamos nos acostumar, mas provoca uma impressão esquisita. Isso se deve ao fato de a Justiça ser uma profissão ao mesmo tempo machista e majoritariamente feminina — o que está ligado ao fato de ser cada vez mais mal remunerada. O presidente, Jean-Louis Périès, é um magistrado que está perto da aposentadoria, robusto, sagaz, cujo avô era escrivão no tribunal de Foix, no departamento de Ariège, e o pai, juiz de instrução do caso Dominici, aquela tragédia rural que nos anos 1950 foi um dos grandes fait divers nacionais. Périès parece mesmo um camponês. Ou um professor de ensino médio das antigas, que à primeira vista aparenta ser rigoroso, mas tem bom coração. A primeira coisa que ele faz é a chamada. Dos vinte réus do processo, catorze estão presentes, e onze deles dentro do aquário. Parece complicado, mas passei o verão destrinchando um documento chamado OMA — sigla em francês para *ordonnance de mise en accusation*, ou peça acusatória —, um resumo em 378 páginas de autos do processo que, se tivesse seus 542 tomos empilhados, chegaria a 53 metros de altura, pelo que dizem, portanto não estou tão perdido. Todos os nove integrantes do comando, que mataram 130 pessoas no Stade de France, no Bataclan e nas esplanadas da região leste de Paris, estão mortos: a Justiça não pode mais agir no que diz respeito a eles. Outros seis não responderam à convocação da Corte, e "sem justificativa válida", lamenta o presidente (na verdade, eles têm uma justificativa, sim, que é a de também estarem mortos, mas como não se tem cem por cento de certeza disso, eles continuam sendo réus). Quanto aos outros catorze, três comparecem em estado de liberdade, porque as acusações imputadas contra eles são mais leves, mas são obrigados a vir todos os dias e ficar sentados na frente do aquário. Os outros onze são cúmplices dos atentados em diferentes graus: alguns estão comprometidos até o pescoço, a situação de outros é controversa. Montei esta pequena ficha para mim.

A LISTA DOS RÉUS

Salah Abdeslam, a vedete do julgamento. Nascido em Molenbeek, um bairro de Bruxelas que faz as vezes de covil de muçulmanos radicalizados, irmão caçula de Brahim Abdeslam, que se explodiu no café Comptoir Voltaire; ele devia ter feito o mesmo que o irmão e ninguém sabe se o cinto de explosivos não funcionou ou se ele desistiu no último minuto. Só ele pode dizer. Será que ele vai dizer?

Mohamed Abrini, amigo de infância de Salah Abdeslam, também de Molenbeek, aparece sempre junto dele nos preparativos logísticos. Integra a "caravana da morte", como ele mesmo chamou: os três carros, Seat, Polo, Clio, nos quais os dez integrantes do comando viajaram de Charleroi a Paris no dia 12 de novembro.

Osama Krayem, de nacionalidade sueca, voltou da Síria no fim do verão de 2015 para participar dos atentados em Paris e Bruxelas. Soldado aguerrido, parece ser o quadro mais importante do Estado Islâmico presente no aquário.

Sofien Ayari, mesmo perfil de Osama Krayem. Voltou com ele da Síria, foi detido com Salah Abdeslam em 18 de março de 2016. Como ambos atiraram em policiais, ele já foi condenado na Bélgica a vinte anos de prisão e ainda será julgado no processo dos atentados que mataram 32 pessoas e feriram outras 340 no metrô e no aeroporto de Bruxelas em 22 de março de 2016. De modo geral, o julgamento dos atentados de Paris e o dos atentados de Bruxelas, que acontecerá no outono de 2022, se sobrepõem. Vários réus de Paris são também réus de Bruxelas, eles vão emendar um julgamento no outro.

Mohamed Bakkali, especialista em logística, foi responsável principalmente pelo aluguel dos esconderijos em Bruxelas. No verão de 2015, participou de um atentado — malogrado — a bordo do trem Thalys, que rendeu também a ele uma condenação de 25 anos de prisão na Bélgica.

Adel Haddadi e **Mohamed Usman** foram para a Síria no verão de 2015 com os dois iraquianos que se explodiram no Stade de France. Também são soldados do Estado Islâmico, deveriam ter participado dos atentados mas foram detidos durante a viagem e presos em Viena.

Os que vêm a seguir podem ser considerados peixes pequenos de diferentes maneiras. A acusação vai tentar estabelecer que eles prestaram assistência aos atentados com conhecimento de causa. Seus advogados dirão que eles não sabiam o que estavam fazendo e por isso merecem penas mais leves, ou talvez pena nenhuma.

Yassine Attar aparece em uma série de mensagens encontradas em um computador que centralizava os projetos do comando. Ele é irmão de Oussama Attar, presumidamente morto na Síria e, sobretudo, presumidamente o cérebro dos atentados. Ele repete sem parar que Oussama é Oussama, Yassine é Yassine, e que ele, Yassine, não tem nada a ver com isso.

Ali El Haddad Asufi teria ajudado a obter as armas. Participação bastante incerta.

Farid Kharkhach forneceu documentos falsos. Admite ser falsário, mas não terrorista: jura que não sabia do que estava participando.

Mohamed Amri, **Hamza Attou** e **Ali Oulkadi** são os três amigos de Molenbeek que participaram da remoção de Salah Abdeslam de Paris para Bruxelas na noite do dia 13 para o 14 de novembro. Mohamed Amri também é acusado de ter alugado os carros com Abdeslam antes dos atentados: é por isso que ele está no aquário, enquanto os outros dois comparecem livres.

Abdellah Chouaa, por fim, é acusado de contatos suspeitos com Mohamed Abrini durante uma viagem que este fez para a Síria no verão de 2015. Também comparece livre.

UM CASO DE NOMENCLATURA

Um detalhe me impressionou nas biografias estabelecidas pelo OMA. Os soldados da jihad atribuem a si mesmos nomes de guerra, chamados *kunya*. O nome começa com Abu, que significa "pai", e termina com Al-alguma coisa, de acordo com a origem do portador. Por exemplo, Abu Bakr al-Baghdadi, o chefe do Estado Islâmico, era chamado assim porque vinha de Bagdá — e também porque Abu Bakr foi um dos primeiros companheiros do Profeta. É a partir desse modelo fascinante que um jovem jihadista da Normandia, com nome e sobrenome tão franceses quanto possível, pode se autobatizar Abu Siyad Al-Normandi. Quatro dos nove integrantes dos comandos do Treze de Novembro eram belgas: portanto, eles se chamavam Al-Belgiki. Três eram franceses: Al-Faransi. Dois, iraquianos: Al-Iraki. Ao passarmos para os catorze que serão julgados, não encontramos mais nenhum nome de guerra, só nomes banais de todo dia. Alguns têm apelidos, mas sem nenhuma relação com isso. Ahmed Damani, chamado de "Gegê" ou "Prótese"; Mohamed Abrini, chamado de "Brink's" ou "Brioche". Em que momento alguns deles se outorgaram ou receberam esses nomes de paladinos da jihad, que deviam ser extremamente gratificantes para eles? Em que momento os outros, mais cautelosos, desistiram de pleiteá-los? Estava claro, era explícito que o direito de portá-los era comprado pelo preço da própria vida? E o que podemos pensar do único que, indeciso, permaneceu na fronteira entre os dois grupos? Diferente dos comparsas ao seu redor no aquário, Salah Abdeslam devia matar e ser morto. Ele não fez isso. E, como se para expressar essa condição indefinida, ele também tem uma alcunha, mas abreviada: Abu Abderrahman, simplesmente. Sem partícula, sem título de nobreza assassina: Abu Abderrahman Al-coisa-nenhuma.

TRABALHADOR TEMPORÁRIO

Durante os seis anos de processo, ele se recusou a falar, e este é o grande suspense do primeiro dia: ele vai persistir nesse silêncio? Se isso acontecer, o julgamento perderia seu interesse. Fazemos nossas apostas, a maioria dos meus colegas está pessimista. A chamada começa por ele, de novo devido à ordem alfabética. O presidente pede que se levante e informe seus dados pessoais, endereço e estado civil. Será que ele vai se levantar? Será que vai responder? Ele se levanta. Feição juvenil, o rosto coberto pela máscara e, debaixo dela, a barba salafista. Antes de tudo, ele recita em voz alta a *chahada*, que é o Credo sóbrio e grandioso do islã: “Não existe outro deus além de Alá, e Muhamad é seu profeta”. Pausa. “Bom, isso veremos depois”, diz o presidente. “Nome do pai e da mãe?” “O nome do meu pai e da minha mãe não têm nada a ver com isso aqui.” “Profissão?” “Soldado do Estado Islâmico.” O presidente olha para suas anotações e, sereno: “Aqui está escrito: trabalhador temporário”.

Partes civis

VÍTIMAS POR RICOCHETE, TESTEMUNHAS INFELIZES

"Feridos, enlutados, impactados": trata-se das partes civis, cujas oitivas vão começar no fim de setembro. Dezenas delas já estão aqui, em bancos que ocupam mais da metade da sala. Quem usa o crachá pendurado num cordão vermelho não quer falar com a imprensa, quem usa o crachá pendurado num cordão verde aceita falar. Alguns, indecisos, usam os dois. Por enquanto, são sobretudo os advogados deles que vemos. Uma revoada de becas pretas, atarefada. Mais uma vez, a Corte faz a chamada, cada um declara seus clientes na sua vez. Para os que já estão inscritos, essa chamada é mera formalidade. Ainda assim ela dura dois dias, depois dos quais passamos para as novas constituições das partes civis — que podem ser feitas até o último minuto. É preciso determinar: quais desses candidatos tardios à condição de vítimas podem ser admitidos? Quais não podem? Em alguns casos, não há dúvida. O dano que feridos ou enlutados sofreram é evidente. Ele é quantificável, segundo uma tabela que pode parecer monstruosa, mas existe, e que pode ser consultada: o luto por uma irmã conta mais que o luto por uma prima; perder uma perna, mais que perder um pé. Em outros casos, é controverso. Quando alguém não foi ferido nem está enlutado, até que ponto pode se declarar "impactado"? Um senhor bem-vestido se aproxima da tribuna. Ele pleiteia a qualidade de vítima porque estava no Stade de France, onde começaram os atentados. "Dentro ou fora do Stade de France?", pergunta Périès. "Dentro", responde o senhor a contragosto. O problema, observa gentilmente Périès, é que nada aconteceu do lado de dentro. Os terroristas *deveriam ter entrado* para se explodir, é verdade. Acontece que eles não fizeram isso, e não seria razoável considerar os 80 mil espectadores do jogo daquela noite, França × Alemanha, vítimas de uma tentativa de assassinato. Nem mesmo as pessoas que, por morarem nas ruas vizinhas ao Bataclan, por terem visto pessoas morrerem ou agonizarem nas calçadas, ainda hoje têm pesadelos. Não se trata de negar a realidade desses pesadelos, dessas licenças médicas, desses traumas, mas a jurisprudência diferencia a vítima "verdadeira" da "vítima por ricochete" ou da "testemunha infeliz", cujos danos infelizmente não podem ser indenizados, ou isso não teria fim. Uma história que circula pelos bancos da *presse ju'* é a de uma mulher que pede reparação porque os atentados arruinaram a festa de aniversário dela, organizada com muita antecedência e que lhe custou os olhos da cara. Parece que a história é verdadeira, mas a mulher não se apresentou.

A MITÔMANA DO BATACLAN

Também existem histórias de falsas vítimas. Essas pessoas existem, muitas delas, até. O jornalista Alexandre Kauffmann é autor de um livro sobre uma delas,[1] no qual descreve muito bem a comunidade que foi criada após os atentados. Nos bares perto da Bastilha, as pessoas contavam em looping sobre a noite infernal. Onde estavam no momento do ataque, e com quem. Aquela mulher que estava deitada perto de mim, debaixo de uma mesa do Belle Équipe, será que ela está viva ou morreu? Aquele homem que me entregou uma manta térmica de emergência na saída da passagem Amelot, quem era ele? Alguém sabe? Alguém conhece alguém que saberia? Lendas começavam a tomar forma. No Bataclan, teria havido assassinatos com armas brancas, corpos mutilados, uma mulher grávida estripada, um homem emasculado, um quarto assassino — e, nos altos escalões do Estado, tinham decidido esconder tudo isso. Essas mil e uma noites de terror se espalharam na vida real, nas ruas e nos cafés, mas também e sobretudo pela internet. Em dezembro de 2015, uma babá que estava no Bataclan com o marido publica na sua página do Facebook

[1] *La Mythomane du Bataclan*. Paris: Goutte d'Or, 2021.

aquilo que se tornaria a associação Life for Paris. Muito depressa atrai centenas de sobreviventes e enlutados. Entre tantos outros, uma certa Flo, não uma vítima direta, mas uma pessoa completamente dedicada a apoiar Greg, seu melhor amigo, seriamente ferido e hospitalizado no hospital Georges-Pompidou… O mais esquisito, ela repete, é que Greg nunca ia ao Bataclan, mas ela, sim, ela não saía de lá: ia naquela noite, mas então não se sentiu bem, mudou de ideia no último minuto, escapou por pouco. Existem pessoas assim, que passarão a vida se vangloriando de ter perdido, por dois minutos, um avião que acabou caindo. Assídua, disponível, Flo se torna webmaster do fórum. Ela acolhe, orienta, ajuda, conforta, divulga as iniciativas da comunidade — passeios, aniversários, homenagens no Boulevard Voltaire, onde tanta gente se reúne, contrita, diante de velas, flores, fotografias, desenhos. Quando alguém expressa admiração por sua empatia, ela diz que essa adversidade fez com que amadurecesse, se abrisse para os outros. Conseguiu até esquecer a doença terrível de que sofre: a síndrome de Cushing, que a torna obesa e peluda. Flo é tão eficiente no Life for Paris que lhe propõem entrar no conselho administrativo. Foi com esse título que ela foi ouvida na Assembleia Nacional, a propósito de um projeto de lei para auxílio às vítimas, e depois apareceu na *Paris Match* com as personalidades mais midiáticas da associação. Legenda: "O trauma do massacre. Eles conseguem esboçar um sorriso e até voltar ao bistrô". Outra foto a mostra com uma jaqueta de couro, consideravelmente mais rock'n'roll, nos braços de Jesse Hughes, o cantor do Eagles of Death Metal — o grupo que estava tocando no Bataclan no dia 13 de novembro retornou, em 2016, para um show de tributo no Olympia. Além de representar a comunidade e prestar conforto psicológico, seu novo trampo, como ela chama, envolve fazer uma triagem entre os verdadeiros sobreviventes e as pessoas bizarras, que são inúmeras e ficam orbitando a desgraça alheia. Para isso, o radar dela não falha. No programa *La France A un Incroyable Talent*, um estudante de ensino médio se apresentou cantando e dedicou sua música a Alexandre, seu melhor amigo, morto no Bataclan. Descobriu-se que nenhum Alexandre tinha morrido no Bataclan. O estudante se enrolou na mentira, sob reprovação crescente das redes sociais e de Flo, que diz ter sacado tudo antes de todo mundo e expressa sua repugnância no fórum: "Bullshit, tudo isso pela audiência, é nojento tirar proveito de acontecimentos trágicos...". Ela será igualmente desmascarada, pois, ao continuar trazendo notícias de Greg, comete o erro de declarar a si mesma uma vítima. Os autos de seu processo são um dos relatos mais completos, precisos e convincentes da noite de terror do Bataclan. Mas surge a desconfiança e ela ganha corpo quando um integrante da associação a encontra na sala de espera de um terapeuta especializado em distúrbios de sobreviventes. Checagens, cruzamento de informações. Descobre-se que não existe nenhum Greg nem entre os pacientes do hospital Pompidou nem na lista de vítimas, mas que a própria Flo recebeu uma indenização de 25 mil euros — e isso foi apenas um adiantamento. Arthur Dénouveaux, o presidente da Life for Paris, apresentou uma queixa-crime, mas com uma ponta de arrependimento, porque ele gostava muito de Flo e porque, segundo ele, essa mulher arruinada pela solidão tinha encontrado no grupo de sobreviventes deles, pela primeira vez na vida, amigos de verdade. Julgada por fraude e abuso de confiança, Flo pegou quatro anos de prisão. A epígrafe do livro é esta frase de Christine Villemin, mãe do pequeno Grégory, heroína de um outro grande fait divers nacional:* "Parece que as pessoas sentem inveja da desgraça que acontece com a gente".

* Trata-se do Caso Grégory, que em 2019 foi retomado em uma minissérie de true crime da Netflix. Em 1984, o menino Grégory Villemin, de quatro anos, foi encontrado morto em um rio no departamento de Vosges, no leste da França. As investigações se desdobraram em erros, mais crimes e uma grande cobertura da imprensa, e o caso nunca foi solucionado. (N. T.)

O chacal

ESTRATÉGIA DE RUPTURA?

No segundo dia, enquanto a chamada das partes civis prosseguia, falou-se sobre a intervenção das vítimas, que em breve começaríamos a ouvir. De repente Salah Abdeslam se levantou, ficou se mexendo dentro do aquário até que abrissem seu microfone e perguntou se também dariam a palavra às pessoas sobre as quais jogam-se bombas no Iraque e na Síria. O presidente disse que isso seria debatido no devido tempo e cortou o microfone. Essa invectiva foi considerada uma provocação, de modo geral. Ainda assim, o argumento me fez pensar. Trata-se do argumento de defesa chamado de "ruptura", teorizado em 1987, durante o julgamento do oficial nazista Klaus Barbie, pelo célebre e sulfuroso advogado Jacques Vergès. Está certo, dizia Vergès, Barbie praticou tortura em Lyon, mas o Exército francês também a praticou na Argélia. Eu me surpreenderia se Olivia Ronen, a advogada superjovem de Abdeslam, ousasse imitar Jacques Vergès, mas a verdade é que, sim, ainda que não seja equivalente àquilo que a SS fez, o Exército francês praticou tortura na Argélia. E também é verdade que, a partir de 2014, a coligação internacional da qual a França faz parte lançou bombas sobre o Iraque e a Síria, que fizeram dezenas, talvez centenas de vítimas civis — pois os "ataques aéreos cirúrgicos" são um mito. Fiquei ainda mais surpreso, estudando o tal OMA que todos concordam ser muito rigoroso e justo, ao encontrar ali uma alusão aos "*supostos* massacres de civis que os ocidentais *teriam cometido* em seus bombardeios". Não sou nenhum especialista e nem vou entrar no mérito de saber se a morte de meio milhão de crianças iraquianas, diretamente provocada pelas sanções americanas, "valia a pena", como disse numa entrevista memorável a secretária de Estado Madeleine Albright ("*the price is worth it*"), mas chamar massacres indiscutíveis de civis de "*supostos* massacres de civis" não é estar a serviço nem da verdade, nem da justiça. Negar que são muito rígidas as condições de detenção de Salah Abdeslam tampouco seria estar a serviço da justiça e da verdade. Seis anos de isolamento em cela individual é muito rígido. Olivia Ronen disse isso com veemência desde a primeira audiência. Explicou que o rapaz que tinha acabado de entrar no aquário como um touro entra na arena não tinha falado com praticamente ninguém nos últimos seis anos, e era o dever dela dizer isso. Eu a ouvia, concordava com ela, ao mesmo tempo pensava na mensagem enviada a Frank Berton, o último advogado de Abdeslam, por ele ter denunciado a vigilância por câmeras a que seu cliente era submetido 24 horas por dia:

> Caro doutor,
> Depois da noite no Bataclan, minha nora também é vigiada por câmeras, 24 horas por dia, no hospital.
>
> Essa situação não a incomoda porque ela está num coma profundo.
>
> Também não incomoda ao meu filho, que está descansando no cemitério.
>
> Respeito seu trabalho e suas convicções, mas há limites, a considerar as pessoas que estão em sofrimento.

UM FANTASMA

Enquanto ganha velocidade, lentamente, esse imenso navio que é o V13 — que é como magistrados, advogados, jornalistas, todos nós passamos a chamar esse caso monstruoso da sexta-feira [*vendredi*] 13 de novembro, no qual embarcamos —, os processos continuam no Palácio. Outro tribunal penal especial julga outro terrorista numa salinha do subsolo. Esse julgamento não chama muita atenção. Uma amiga advogada me falou dele, desci até lá para me distrair um pouco da procissão das partes civis. O réu é um senhor de terno azul-celeste, echarpe e lenço combinando, cabelos brancos alisados, bigode fino, forte sotaque espanhol. De seu cubo envidraçado, ele recebe com cordialidade pessoas que parecem ser um público fiel. Por ordem de chegada: um antigo fã que se parece com o ator belga Benoît Poelvoorde, a quem ele dedicará o autógrafo "Saudações revolucionárias"; dois sujeitos em ternos austeros, com aspecto de banqueiros, que contra todas as expectativas se apresentam como integrantes do movimento dos coletes amarelos; duas senhoras simpáticas, militantes históricas da causa palestina, uma delas tirando da bolsa e entregando para a outra um panfleto manifestadamente antissemita; um malaco de moletom, que abraça junto ao peito o último livro de Éric Zemmour;* e, pra fechar com chave de ouro, Monseigneur Gaillot — o prelado esquerdista que dava o que falar no fim do último século, como alguns devem se lembrar.** Todos eles se conhecem, o réu recebe cada um com um cumprimento gentil. Ao ver uma das senhoras simpáticas antissemitas dar um beijinho em Benoît Poelvoorde, ele diz, brincalhão: "Que isso, você tá me botando chifre?". A advogada, uma mulher alta e magra de olhos e cabelos cor de carvão que por acaso também é sua esposa, entra na sala mal equilibrando três copos de café: um para o marido, outro para si mesma e o terceiro para o procurador-geral, a quem oferece o café também brincando: "Estou tentando te corromper!". O procurador-geral sorri, são velhos conhecidos. É a terceira vez que ele requere contra o réu; é a sétima vez que ela o defende. O assunto do julgamento é a duração da pena que ele cumpre pelo atentado da Drugstore Publicis (1974, dois mortos, 34 feridos), e esse assunto não tem importância alguma, é puramente processual, já que há muito tempo, e por muitos outros crimes, ele foi condenado à prisão perpétua. Está há 27 anos na prisão e é lá que vai chegar ao fim dos seus dias, só que esta é sua última vez, não será mais possível apelar nem recorrer a outra instância: Ilich Ramírez Sánchez, conhecido como Carlos, o Chacal, faz sua despedida do palco, portanto. Parece piada, mas não é: a alguns lances de escada

* Jornalista, comentarista político e escritor, Zemmour foi candidato à presidência da França em 2022 pelo partido de extrema direita Reconquête [Reconquista], fundado por ele mesmo no ano anterior. Já foi condenado por declarações racistas e discursos de ódio contra imigrantes. (N. T.)

** Jacques Gaillot (1935-2023), bispo considerado rebelde por declarações que contestavam posições da Igreja católica, como a defesa do casamento homossexual. Em 1995 foi demitido de seu cargo na cidade de Évreux, na Normandia, e fundou uma "diocese sem fronteiras" criando o site Partenia. (N. T.)

do V13, e sem suscitar qualquer interesse para além do de seu fã-clube, *Carlos* está sendo julgado. Carlos, o terrorista lendário dos anos 1970. Carlos, o cliente mais famoso de Jacques Vergès. Foi impossível para o procurador-geral não fazer uma relação com aquilo que estava acontecendo no andar de cima. Ele lembrou que Carlos cometera os primeiros atentados sem alvo específico em solo francês, atentados igualmente sangrentos, "guardadas as devidas proporções" — essa é expressão das pessoas da administração penitenciária que, desde que lidam com os *salafs*, como chamam os salafistas, falam dos corsos e dos bascos como coisa dos bons tempos. Quando Madame Coutant-Peyre — a esposa, portanto — apresentou a alegação, ela falou desembestada, contou histórias, lembranças pessoais, ele a interrompia, ela dizia "se você sabe falar melhor do que eu, então venha alegar no meu lugar", ele voltava a se sentar, rabugento. Essa situação inacreditavelmente esquisita era uma cena de comédia. Minha amiga advogada e eu não nos preocupamos em disfarçar o riso. Teríamos rido menos se, diante desse fantasma de um terrorismo vintage, vestindo uma calça pata-de-elefante, e ao lado desses bufões pitorescos, houvesse uma mulher numa cadeira de rodas que, em 1974, era uma menininha cujos pais levaram para tomar um sorvete na Drugstore e cuja vida, naquele dia, foi destruída para sempre.

Grande traumatismo facial

DUAS HORAS, TRINTA E OITO MINUTOS E QUARENTA E SETE SEGUNDOS

Quem assistiu ao julgamento do *Charlie Hebdo*, oito meses atrás, não vai se esquecer do trauma de ver as fotos tiradas na cena do crime. A sala da redação, os corpos. Depois, o vídeo de segurança, o corredor, os assassinos aparecendo, um dos dois irmãos Kouachi que vigia enquanto o outro mata: um minuto e 49 segundos que muitos prefeririam não ter visto. Em comum acordo com o presidente, os policiais que, ao longo da segunda semana do V13, fizeram uma espécie de inventário da situação, optaram pelo contrário: poupar as partes civis, mostrar *a minima*. Fotos, sim — mas de longe. Mapas. O salão destruído, mas vazio, do café Le Carillon. Uma litania de nomes, silhuetas desenhadas nas calçadas, plaquinhas amarelas ou azuis, mas nada de corpos ensanguentados. Poucas imagens, raramente um som. No entanto, havia sons. No Bataclan, um espectador registrou o show com um gravador de voz, que foi encontrado. Ele continuou gravando ao longo de todo o massacre, de modo que existe um áudio que, entre a irrupção do comando e a investida final, dura duas horas, 38 minutos e 47 segundos. As pessoas se perguntaram se seria preciso escutá-lo. Também nesse caso, a Corte optou pelo pudor, permitindo que apenas os primeiros 22 segundos fossem ouvidos. O grupo Eagles of Death Metal está tocando. Os primeiros tiros se misturam à bateria. Uma microfonia trespassa os ouvidos, de repente cortam o som. Quando a audiência foi suspensa, uma moça que estava no Bataclan me disse o que ela tinha o direito de dizer, mas eu não: "Isso não é suficiente. Se é para dar uma ideia de como foi, isso não é suficiente. É praticamente nada". Não sei. Dentro de uma semana outras pessoas que estavam lá, como essa moça, vão começar a descrever o que viveram. Enquanto isso, temos as descrições do investigador que fez o primeiro levantamento. É um policial que deve ter visto muita coisa em vinte anos de Brigada Criminal, mas estava tremendo. "Aquilo que vocês não ouviram", ele disse, "as outras duas horas, 38 minutos e 25 segundos, foi transcrito por um agente, palavra por palavra, barulho por barulho, tiro por tiro. Duzentos e cinquenta e oito tiros em disparo contínuo, depois tiro a tiro pelos 32 minutos iniciais." Não se sabe quanto tempo o agente levou para fazer isso. Preferimos nem imaginar como foram as noites dele. E, já que os assassinos falaram, no começo, e já que era preciso que nós escutássemos suas palavras sem ouvir o áudio, quem se encarregou disso foi o próprio policial, Patrick Bourbotte. Ele explicou: "Vou precisar transformar a minha voz na dos terroristas. Não é a coisa mais fácil que já fiz na minha carreira de oficial da polícia judiciária". A voz não saía, então ele tomou fôlego e começou a ler, corajosamente, mudando de tom, com o empenho de um ator em formação, de acordo com a pessoa que ele encarnava: "o agressor número 1", Foued Mohamed Aggad; "o agressor número 2", Ismaël Omar Mostefai; e "o agressor número 3", Samy Amimour:

> ... Vocês podem pôr a culpa no presidente de vocês, François Hollande... Ele acha que é cowboy, que está no Velho Oeste jogando bomba nos nossos irmãos no Iraque, na Síria, nós viemos aqui fazer a mesma coisa...
>
> Estamos no mundo inteiro, nós, os soldados do califado. Vamos atirar em tudo...
>
> Você, não se mexa.
>
> [*Tiro*]
>
> Falei pra você não se mexer.

DEZESSETE FRAGMENTOS DE CORPOS

Na manhã de 14 de novembro de 2015, duas vítimas foram confundidas no necrotério. Os pais de uma pensaram que sua filha estava morta, sendo que estava viva, e os pais da outra tiveram a vã esperança de que ela estivesse viva, sendo que estava morta. Chamado para dar seu depoimento, o chefe do necrotério se justifica: nunca tivemos que administrar isto, "123 corpos inteiros e dezessete fragmentos de corpos" chegando num intervalo de algumas horas. "Dezessete fragmentos de corpos." É esse tipo de coisa que, dia após dia, pessoas de todas as idades escutam, sentadas nos bancos reservados a elas, alguns que já se conhecem, outros, sozinhos: as partes civis do V13. Para alguns, trata-se dos fragmentos de corpos do seu filho, do homem ou da mulher que eles amavam. Outras palavras que somos obrigados a aprender: laceração, desmembramento, múltiplos ferimentos por estilhaços de porcas de parafuso. Zona de dispersão: isso quer dizer que encontraram restos humanos em até cinquenta metros do epicentro de uma explosão. Foi isto o que disse um investigador, um dos primeiros a entrar no Bataclan: "Nós caminhamos em meio a corpos emaranhados, entrelaçados, superpostos, não sei qual a palavra. Escorregamos em poças de sangue, esmagamos pedaços de dentes e ossos, e havia telefones vibrando, as famílias ligando. Quando começamos a evacuar os corpos, eles estavam tão impregnados de sangue, tão pesados, que precisávamos de quatro pessoas juntas para carregá-los. Meu pesadelo era passar perto de uma vítima que tivesse se entocado em algum buraco e morreria se nós não a localizássemos. Quinze dias depois, ainda encontraram a perna de um dos terroristas". Um advogado da parte civil fez uma pergunta inusitada a um investigador que fez esse mesmo trabalho no café La Belle Équipe: qual era "seu sentimento" em relação a essa chacina. "Meu sentimento, não sei. Só consigo dizer que havia trinta orifícios em uma vítima, 22 em outra, catorze numa terceira." Depois: "Vocês precisam entender que tiros com um calibre 7,62 mm são bem diferentes de tiros com um 9 mm. Com um 9 mm, os orifícios têm uma entrada e uma saída; com um 7,62 mm, estamos falando de lesões muito deterioradas, com crânios que explodiram, grandes traumatismos faciais".

Mais uma coisa que os parentes das vítimas aprenderam: na linguagem dos legistas, um rosto dilacerado, irreconhecível, é chamado de "grande traumatismo facial".

No entanto, o vídeo divulgado pelo Estado Islâmico reivindicando a autoria dos atentados foi exibido. Editado — mas, mesmo editado, a atrocidade é de tirar o fôlego. Filmado, montado, sonorizado como um blockbuster de Hollywood ou um video game, ele mostra os "nove leões do califado", isto é, os futuros camicases de Paris, se exercitando em uma paisagem pedregosa provavelmente da Síria durante o verão de 2015. Eles sabem que dentro de alguns meses vão matar e morrer. Enquanto aguardam esse momento, decapitam prisioneiros — um para cada —, e não apenas decapitam, mas ao decapitar alguns se divertem. Isso dura dezessete minutos, e trata-se de propaganda. Talvez eu esteja enganado, mas me parece que uma propaganda assim é completamente inédita. Por mais assustador que seja aquilo que a propaganda encobre, ela costuma apresentar uma imagem da virtude. Desfiles, jovens sagazes rumando a um futuro radiante. A propaganda nazista não mostrava Auschwitz, a propaganda stalinista não mostrava o gulag, a propaganda dos Khmers Vermelhos não mostrava o centro de tortura S-21. Normalmente, a propaganda esconde o horror. Aqui, ela o exibe. O Estado Islâmico não diz: guerra é guerra, em nome do bem temos o triste dever de cometer gestos terríveis. Não, ele reivindica o sadismo. É pelo sadismo, pela exibição do sadismo, pela permissão para ser sádico, que ele busca a conversão.

"NÃO ESTOU BRINCANDO"

Antes de sair da Rue Bichat, o Seat do trio que ia metralhar as esplanadas do Carillon e do Petit Cambodge parou no semáforo vermelho, na altura de dois pedestres, que dão seus depoimentos. Um dos terroristas baixou o vidro e bradou: "Aqui é o Estado Islâmico, que veio degolar vocês". Depois, ao dar partida, completou: "Não estou brincando, hein".

Maia, do Carillon

"Conheci Amine na faculdade de arquitetura", diz Maia. "Ele virou meu amigo, depois meu namorado, depois meu marido, depois meu sócio. Criamos nosso escritório juntos. Era meu primeiro amor, ele era meu amor. Tínhamos planos. Falávamos de como ia ser nossa vida, os filhos que um dia teríamos. Nos casamos duas vezes. A primeira, em Paris, em 2014; a segunda, em 2015, no Marrocos, em Rabat, onde ele cresceu e onde a família dele mora. Conhecemos Émilie, que se tornou uma amiga próxima, e depois a irmã gêmea dela, Charlotte. Elas eram lindas, superunidas, a gente ria muito juntos. Também havia Mehdi, o amigo de infância de Amine. Éramos todos arquitetos, nós cinco. Nos encontrávamos todas as sextas à noite no Carillon, que fica perto do escritório. Nem precisávamos combinar, era o lugar aonde obviamente iríamos. Aquela noite estava tão gostosa que nos sentamos na esplanada, nós cinco. Parecia uma primavera adiantada, as pessoas estavam felizes de sair para a rua e passear. Lembro de ter pensado que a vida era boa, que tínhamos sorte. Na hora em que aconteceu, estávamos falando dos nossos aniversários. Eu tinha 27 anos, os outros, 29, estávamos pensando em como comemorar os trinta anos deles quatro. E então aconteceu.

(Tempo, muito longo.)

"Então, o que aconteceu… É uma confusão de imagens, sons, que ressurgem. Os barulhos, os estouros que primeiro pensamos serem estalinhos, o cheiro da pólvora. Eu não tinha dúvida nenhuma, mas o cheiro de pólvora é horrível. Pensei que Amine, Émilie e Charlotte tivessem se escondido debaixo da mesa, mas eles tinham caído por causa das balas. Eu me joguei na sarjeta, entre a calçada e as rodas de um carro. Me encolhi para as balas não me acertarem, mas elas me acertaram mesmo assim, nas pernas. Senti os impactos no meu corpo.

Impactos horríveis, imensos, eu ainda não sabia que eram estilhaços de balas de kalashnikov que estavam explodindo nas minhas pernas e me dilacerando. Ainda não conhecia esse verbo: dilacerar. Não sentia dor, ainda não. Em determinado momento, sinto a morte logo atrás de mim. Tem um homem nas minhas costas, encostado no meu corpo. Escuto sua respiração entrecortada, escuto seus estertores, sei que são seus momentos finais. Sei que estou vivendo, ao lado dele, seus últimos minutos de vida. Isso é muito íntimo, talvez seja a coisa mais íntima que podemos partilhar com alguém. Não consigo vê-lo, ele está atrás de mim, mas sinto sua respiração, eu o escuto. Sou a única testemunha da morte dele. Nunca saberei seu nome.

"A morte chegou, e o silêncio. E então ouço gemidos, a agonia, as primeiras palavras dos socorristas: 'Primeiro quem está consciente, socorram primeiro quem está consciente'. Consegui me levantar, não sei como. Com os olhos, procuro Amine. Ele está deitado no chão no meio de outros corpos deitados no chão. Está de costas. Vejo seu rosto, vejo seus olhos abertos, e sei que ele não está mais aqui. Não por causa do sangue, não por causa dos 22 projéteis que ainda não sei que atingiram seus pulmões, seu fígado, seu coração; tudo que consigo ver são seus olhos, que estão vazios. É o nada, ele está morto. Também vejo Émilie e Charlotte, mas ainda não consigo me aproximar porque entre nós está o corpo de Amine. Mehdi não se mexeu. Continua sentado à mesa onde estávamos nós cinco. Ele está vivo, está machucado, tem muito sangue na camiseta. Pergunto se está tudo bem. Ele me diz que sim, está tudo bem, com uma voz estranhamente normal, você precisa cuidar de você. Vejo sangue correndo pelas minhas pernas e então vejo que há buracos nas minhas pernas. Tento pegar minha panturrilha para colocá-la de volta dentro da minha perna. Alguém me deu um pano de prato, tento fazer sozinha uns torniquetes, na perna esquerda acima do joelho, na perna direita na altura da tíbia. Sou levada para o hospital Bichat, de onde telefono para minha mãe. Disse a ela que estava viva e também: 'Acho que Amine morreu'. É mentira, não *acho* que Amine morreu, *sei* que ele morreu. Essa mentira vai dar uma esperança para a mãe de Amine que vai durar até o meio-dia seguinte. Ainda hoje lamento muito isso. Em seguida sou transferida para o hospital Ambroise-Paré, onde aconteceram as primeiras cirurgias, de urgência, para que eu não perdesse minha perna. Os momentos seguintes, as primeiras noites no hospital, são indescritíveis. Há medo. As primeiras crises de choro. Ainda sou vista como alguém muito forte, e não como uma vítima. Mas naquele momento me parecia desumano viver um sentimento assim, de angústia e solidão. Haveria quatro enxertos. Foram as minhas pernas que me fizeram aguentar. Eu tinha 27 anos, a vida toda pela frente, eu precisava das minhas pernas. Eu precisava me levantar e ficar de pé. Hoje, como podem ver, estou de pé, feliz por estar de pé, feliz por poder andar sem muletas, sem talas.

"Enquanto eu estava no hospital, Amine foi enterrado no Marrocos. Não pude ir ao enterro. Também não velei Charlotte e Émilie. Nunca fui ao túmulo delas. Eram minhas amigas mais queridas e, desde que morreram, eu as abandonei. O luto por Amine tomava conta de tudo, não sobrava espaço para elas no meu coração. Éramos cinco, hoje somos apenas dois. No início, pensei que um fosse apoiar o outro, Mehdi e eu, mas não foi o que aconteceu. Ele desapareceu da minha vida, seguimos caminhos diferentes, acho que era difícil demais para ele. Não deu mais notícias. Éramos cinco, e hoje sou só eu.

"Eu trabalho. Precisei me reinventar. Recentemente ganhei a concorrência de um mercado público numa cidade de médio porte, é uma coisa importante. Fui embora de Paris. Conheci um namorado que apoia a pessoa que me tornei. É isso, foi essa a luta, curar cada ferida, uma a uma. Estou nessa há seis anos. É exaustivo. Estou de cabeça erguida, mas exausta. Sei que algumas coisas não voltarão. Nunca mais vou correr. Não sonho mais. Os sonhos desertaram as minhas noites. Fico insegura no trabalho. Não sou mais tão confiável quanto antes. Perdi meus amigos para sempre. O que eu gostaria agora era viver, só viver. Me sentir livre para me apaixonar sem culpa. Aproveitar uma festa com amigos sem me preocupar. Conseguir aceitar novas adversidades, como a doença do meu pai. Parar de ter medo de perder tudo.

"O julgamento me colocou numa fase de espera. Faz um ano que espero. Preferiria não precisar estar aqui, mas não era possível. Preferiria me reconstruir ignorando tudo isso, mas não era possível. O que eu espero? Penas à altura dos crimes. Justiça. Não vai mudar nada na minha vida, mas espero que aconteça. É isso. Obrigada por me ouvirem."

“Socorram quem está vivo”

A ACROBATA E O JOGADOR DE RÚGBI

Alice e Aristide são irmãos. São parecidos: cabelos pretos, rostos esculpidos, corpos delgados, ambos muito bonitos. Ela tinha 23 anos e ele, 26. Ela é artista profissional de circo: acrobata. Seu trabalho consiste em se lançar para o alto de ponta-cabeça, suas mãos nas mãos de um parceiro, mas ela fala a mesma coisa de outro modo: “Meu trabalho é usar meus braços para fazer as pessoas sonharem”. Quanto a Aristide, é jogador de rúgbi, também profissional. Ele joga e mora na Itália. Os dois são atletas de alto nível, o treinamento rigoroso a que se obrigam deixa pouco tempo para se verem, então é uma festa quando conseguem se encontrar para jantar em Paris. Vão ao Petit Cambodge, na frente do Carillon, porque os *bo bun* são bons demais, mas naquela noite a esplanada está lotada, o salão interno também, então eles ficam zanzando em busca de um plano B. É quando esse carro de bandido, de vidro fumê, para na beira da calçada e desce dele um homem que se parece muito com um dos melhores amigos de Aristide, só que ele carrega uma kalashnikov, a levanta e começa a atirar. Alice não viu nada disso, só escutou os primeiros tiros, já no chão. Com seus reflexos de jogador de rúgbi, Aristide a derrubou, se jogou por cima dela e a protege com o corpo inteiro. É um caos, é ensurdecedor, não dá para saber se dura segundos ou minutos. Em determinado momento, ela sente uma dor que nunca imaginou que pudesse existir, seu braço devia estar preso debaixo do corpo de Aristide, que recebeu três dessas balas monstruosas. Alice dirá que Aristide salvou sua vida ao se jogar por cima dela. Aristide dirá que Alice salvou a dele ao conseguir que, em meio ao caos dos primeiros atendimentos, dos gemidos, das agonias, fosse levado ao hospital, onde será diagnosticado com um estado de "morte iminente". Ela será operada duas vezes na mesma noite, em dois hospitais diferentes, e depois ainda mais cinco vezes, o que permitiu que seu braço fosse salvo, ainda que ela não tenha recuperado a função dele. Quanto a Aristide, tinha lesões nos pulmões, danos cerebrais significativos, e disseram-lhe que sua perna direita também tinha sido salva, no sentido de que não seria amputada, mas ele não andaria mais. Alguns meses depois, estava andando, até tentou correr mas a dor foi tanta, a angústia foi tamanha, que ele passou meses no hospital psiquiátrico. Parar com o rúgbi foi um processo longo e doloroso. Ainda hoje ele não pode ver um jogo passando na TV: uma tristeza o inunda. Alice também possui deficiência, não consegue mais se apoiar nos braços, "mas continuo a trabalhar", ela diz. "Invento jeitos novos com meus parceiros, me apoiando nos pés. Quero continuar a fazer as pessoas sonharem. É difícil." Ela repete, "É difícil", então um silêncio, seu queixo treme, a boca se crispa, e dessa crispação sai um sorriso milagroso. Os dois também falam o que todos os outros falam, o estado de hipervigilância, os pesadelos, a perda definitiva da capacidade de ficar despreocupado, mas também que são gratos ao destino: a sorte estava do lado deles, eles estão vivos. Eles lutam, mas não contra alguém. Lutam por si mesmos, consigo mesmos, com os outros. Isso que estamos ouvindo não é papinho de *positive thinking*, mas uma verdade que lhes custou caro poder dizer. Aristide: "Tentei entender o que leva uma galera jovem a decidir atirar em outra galera jovem desse jeito. Não consigo entender, talvez não exista nada para entender. Mas fico contente que eles possam ser ouvidos. Fico contente que esse julgamento esteja acontecendo. Acho que a minha geração e a que virá têm uma necessidade imensa de acreditar na Justiça". Ele olha por um tempo na direção do aquário dos réus, à sua esquerda, e logo desvia. Ele olha para a Corte, à sua frente, muito ereto em suas duas pernas. Nós olhamos para eles, Alice e Aristide. Ouvi-los falar já é fazer justiça.

Esse julgamento tem uma ambição desmedida: durante nove meses, esmiuçar sob todos os ângulos, do ponto de vista de todos os atores, o que aconteceu naquela noite. Primeiro houve duas semanas de apresentação da situação. Policiais, policiais civis, médicos vieram descrever o que viram. Esses homens calejados choraram. Agora vamos entrar em outra dimensão. Por cinco semanas, vamos escutar os depoimentos das partes civis, isto é, os sobreviventes e as pessoas próximas dos mortos. Aqueles a quem essa coisa *aconteceu*. São cerca de quinze depoimentos por dia, de uma intensidade estonteante. Começou há quatro dias, temos a impressão de que já faz um mês. As audiências começam ao meio-dia e meia, a princípio terminam às sete e meia da noite, muitas vezes depois, e como é complicado sair do Palácio e em seguida voltar, porque é preciso passar de novo por todos os controles de segurança, nós praticamente não vemos mais a luz do dia: às seis da tarde, achamos que já são três horas da madrugada. O resto da vida fica distante. Um jantar com amigos se torna completamente fora de cogitação. O presidente, dono de uma firmeza modesta que nós adoramos, escolheu mal uma palavra e logo se desculpou: para não arrastar muito o planejamento, os advogados das partes civis deveriam combinar entre si e com seus clientes para "evitar repetições". O que seria evitar repetições? Claro, tem algumas coisas que todos que estavam nas esplanadas falam — uma vez que, nesta semana, estamos dedicados às esplanadas. Que primeiro pensaram estar ouvindo estalinhos, antes de entender esta loucura: uns homens saíram de um carro com armas de guerra *para matá-los*. Que, quando acabou, quando o carro foi embora, aconteceu aquilo que às vezes chamamos, sem pensar, de *um silêncio mortal*, mas nesse caso era *mesmo* um silêncio mortal, e só depois começaram os gritos. Que foi uma carnificina, uma chacina, um emaranhado de corpos com buracos enormes de onde saíam sangue, carne, órgãos, e quando chegaram os primeiros socorros ouvia-se repetidamente a frase: "Socorram quem está vivo". Mas não houve nada repetido, e nem poderia haver, porque cada um viveu isso com sua história, com suas sequelas, com seus mortos, e agora conta isso com suas palavras. Não se trata de fatos que são enumerados e esgotados, mas vozes que se espalham, e todas — enfim, quase todas — soam precisas. Quase todas têm a entonação da verdade. É isso que torna essa longa sequência de depoimentos não só terrível, mas também magnífica, e não é por curiosidade mórbida que nós que acompanhamos o julgamento não trocaríamos nossos lugares por nada neste mundo, nem vislumbramos com tranquilidade a perspectiva de perder um dia. Eu li, ouvi dizer e às vezes pensei que vivemos em uma sociedade vitimista, que cultiva uma confusão condescendente entre a condição de vítima e a de herói. Talvez, mas grande parte das vítimas que ouvimos dia após dia me parece ser de heróis, sem sombra de dúvida. Pela coragem de que precisaram para se reconstruir, pela sua maneira de habitar essa experiência, pela força do laço que os une aos mortos e aos vivos. Ao reler essas linhas, me dou conta de que são enfáticas, mas não sei como dizer isso com menos ênfase: é a alma desses jovens, porque quase todos são jovens, que nós vemos quando eles vêm à tribuna, um depois do outro. Estamos gratos por isso, assustados, maiores.

Nadia

Entre a última vez que Nadia Mondeguer viu sua filha, às catorze horas de sexta-feira, e o momento em que soube da sua morte, às catorze horas do sábado, passaram-se 24 horas que, no julgamento, Nadia contou minuto por minuto. Nadia é uma mulher de cabelo grisalho bagunçado, rosto combalido, voz de fumante inveterada e tem um leve sotaque, difícil de identificar. Quando ela fala, nós a escutamos. Ela falará por muito tempo, nós a escutaremos por muito tempo. Ela diz que, para o almoço do dia 13, tinha preparado couve-flor gratinada, que tinha até ficado boa, e que nunca mais cozinhará couve-flor gratinada. Lamia avisou de última hora que iria, como fazia com alguma frequência. Ela dividia a casa com a prima Louise, na rue Bréguet, havia quatro anos, mas ainda tinha a chave do apartamento da família no Boulevard Voltaire, e como era do lado às vezes dava uma passada rapidinha. Yohann, o irmão dela, estava lá, os três almoçaram juntos. No começo estavam animados, mas como era sexta-feira 13 ficaram se perguntando se deviam se preocupar. Em tese, não, mas Lamia chegou a dizer: "Não sei não, essa coisa de sexta-feira 13 vai me dar azar". Ela estava com dor nas costas. Em seu último post, pediu indicação de um osteopata bom e barato. "Minhas costas agradecem", escreveu. Ao contar isso, Nadia acrescentou: ela foi morta pelas costas.

Lamia estava com pressa, explica correndo para a mãe: precisamos almoçar só nós duas, vamos combinar um dia na semana que vem. É um ritual delas: desde que se tornou adulta e passou a trabalhar, a filha faz questão de convidar ora a mãe, ora o pai, para comer num restaurante. Ela ainda vai passar em casa para se trocar antes de sair para encontrar, às dezesseis horas, uma atriz com quem está trabalhando — ela é agente de artistas. Às 18h30, vai assistir à banca de defesa de mestrado do seu amigo Francis, no Conservatório de Artes e Ofícios. Foi lá que, às 19h21, tiraram sua última foto. Que é projetada na tela onde, na véspera, foram exibidas as cenas dos crimes. Encostada numa parede amarela, Lamia conversa com duas pessoas cortadas no quadro e acabou de perceber a terceira, essa que está tirando a foto. Virou-se e sorri para ela. Tem cabelo castanho dividido ao meio, de comprimento médio, boca grande. Tem trinta anos mas ainda há algo de infantil no seu rosto. Ela resplandece de beleza, alegria, delicadeza. Me lembra minha filha, a mulher que minha filha poderia ser daqui a quinze anos. A defesa de mestrado se transforma na comemoração em um bar, alguns vão continuar juntos nessa noite, na festa de aniversário de um amigo perto da Gare de Lyon, mas Lamia não pode acompanhá-los porque vai encontrar Romain. Ela conheceu Romain alguns meses antes. Em 21 de outubro ela o levou para jantar na casa da família. Nadia se sentiu imediatamente à vontade com esse moço alto, loiro, de olhos azuis, que vinha da região da Sancerre, jogava rúgbi e tinha aberto um café na frente do museu de Cluny, onde ele, sem muita cerimônia, sugeriu que se encontrassem para um café da manhã, só os dois. *Deal?* — *Deal.* Já conquistada por Romain, Nadia pensou: ele é o cara certo. O último SMS encontrado no celular de Lamia veio de Romain. Ele não consegue pensar num lugar para irem e escreve: "Você que decide". Lamia escolhe o Belle Équipe, um café que os dois conhecem. Romain, que se mudou para aquele bairro, mora a dois minutos de lá. Às 20h30, Lamia se despede de todo mundo, entra na estação de metrô Arts et Métiers, chega às 20h50 ao Belle Équipe. Público jovem, cervejas e mojitos, também servem tábuas de queijos e frios. Faz bastante calor, o lugar está cheio, um clima bom, depois saberemos que naquela noite aconteciam duas comemorações de aniversário. Lamia consegue mesmo assim uma mesa na esplanada — perto do vidro que separa o Belle Équipe de um restaurante japonês. Romain a encontra dez minutos depois. Eles ainda têm 35 minutos de vida, e Nadia gosta de pensar que eles passaram esses 35 minutos naquele estado de encantamento que é o começo de uma paixão. Outra foto dos dois juntos, algumas semanas antes, permite pensar isso.

Quanto a Nadia, passou a tarde numa chamada de WhatsApp acompanhando um encontro de família para ver a sobrinha que mora em Antália. Depois, ia ao teatro em Gennevilliers com quatro alunos seus de árabe, mas Jean-François, seu marido, tinha voltado de uma consulta no hospital Saint-Louis. Haviam colocado uma sonda urinária nele. O exame foi terrível, e o homem, que é duro na queda, estava exausto. Nadia decide ficar com ele em casa. Telefona para os alunos e desmarca. Depois do jantar, Jean-François vai se deitar no quarto deles. Yohann vai para o seu próprio quarto ver o jogo França × Alemanha, que acontece no Stade de France. Nadia fica sozinha na sala, navegando pelo site do Instituto do Mundo Árabe, que conhece bem. Ela está estudando programação musical. Escuta alguns *anachid*.

Essa palavra provocou um sobressalto. Ela aparece com alguma regularidade nos depoimentos dos investigadores, os advogados a utilizam como se a conhecessem desde sempre. Os *anachid* são cantos de guerra que fazem parte da cultura jihadista. Musicalmente, são mais ou menos como o rap, letras beligerantes e até sanguinárias, mas não se pode esquecer, diz Nadia, que originalmente são cantos sufis, que expressam a mais alta espiritualidade muçulmana: o canto gregoriano do islã. Ela tem bons motivos para se interessar pelo assunto. Sua família paterna é palestina, cristã, há duas gerações instalada no Egito. Ela nasceu no Cairo e foi lá que conheceu Jean-François, um professor de francês da Bretanha que fazia sua *coopération*, período de trabalho voluntário que resultava em dispensa do Exército francês. De 1973 até sua morte, em 2020, foi o grande amor da vida dela. Quando se mudaram para Paris, em 1974, Jean-François se tornou professor de trabalhadores imigrantes enquanto ela trabalhava na parte administrativa ajudando esses mesmos trabalhadores imigrantes — no contexto da nova política migratória implementada por Giscard. Por catorze anos ela foi escrivã pública em Nanterre, onde conheceu a última favela.* Depois, quando estava grávida de Lamia, retomou os estudos

* A favela ou *bidonville* de Nanterre, na periferia norte de Paris, foi um conjunto de barracos construídos a partir de 1953 por imigrantes argelinos, majoritariamente, e também por marroquinos e portugueses. Nos anos 1960, chegou a acolher 14 mil pessoas em situação precária de moradia. Essa população foi removida para outras cidades e para conjuntos habitacionais construídos pelo Estado, os chamados HLM (*Habitation à loyer modéré*, "habitação de baixa renda"). O último *bidonville* de Nanterre foi desmantelado no início dos anos 1970. (N. T.)

de árabe e história. Antes de dar aulas do idioma em um instituto de egiptologia, e, depois, no Instituto do Mundo Árabe, escreveu uma dissertação de mestrado sobre uma revista salafista fundada no Cairo no início do século XX pelo sírio Rashid Rida, uma das inspirações da Irmandade Muçulmana. Não desviaremos do assunto se observarmos que essa organização, criada nos anos 1920 nas margens do canal de Suez, inventou aquilo que é chamado de islamismo, isto é, a ideia de que a aplicação rigorosa da lei do Alcorão, a *charia*, é a solução para todos os problemas políticos e sociais, a resposta para o declínio dos países árabes. É daqui que sai o jihadismo.

Estão então os três no apartamento, cada um na sua. A melodia dos *anachid* conversa com a gritaria abafada do jogo de futebol que Yohann escuta do outro lado da parede. Às 21h30, a vizinha do quinto andar telefona para saber de Jean-François. Muito cansado, diz Nadia, mas está tudo bem. Vai ficar tudo bem. Nesse momento, como Nadia depois vai saber, o Seat que já tinha metralhado três esplanadas entrou na Avenue Parmentier e depois no Boulevard Voltaire. Passou debaixo da janela deles, talvez tenha diminuído a velocidade no semáforo que fica na frente do prédio, depois andou mais trezentos metros até a esquina do boulevard e da Rue de Charonne, onde ficam dois cafés grandes, muito animados. Nadia se perguntou muitas vezes por que eles não realizaram o massacre nessa rotatória, era tão mais simples que virar na Rue de Charonne e ir na direção daquele café menor, o Belle Équipe, que nem sequer dava para ver do boulevard. O que se pode deduzir a partir disso é que eles tinham feito um reconhecimento do lugar, que tinham um motivo para escolher o Belle Équipe — mas qual? Às 21h35, Nadia escuta uma descarga de tiros nas ruas de trás. Ela se inclina na janela para procurar alguma movimentação. Ainda se lembra do vaivém dos furgões da polícia, dos uivos das sirenes no dia dos atentados contra o *Charlie Hebdo* e o Hyper Cacher, em janeiro. Não, nenhuma movimentação. Por mais meia hora ela fica tranquila. Só às 22h16 recebe uma mensagem alarmante, no WhatsApp, da sobrinha que está no Cairo. Foi ela que, no Egito, ficou sabendo dos atentados em Paris. A partir desse momento, os três começam a acompanhar as notícias. Fala-se principalmente do Bataclan, mas também das esplanadas, desse 11º Arrondissement onde eles moram há quarenta anos — com exceção de Gwendal, o irmão mais velho, que vive no Cairo há sete anos. Nadia telefona uma, duas, inúmeras vezes para Lamia, que não atende. Mas ela mesma tinha falado que o telefone estava dando pau desde o dia anterior: é normal não conseguir falar com ela. Também é normal não conseguir falar com Romain. Eles estão juntos, está tudo bem.

Mesmo assim, Yohann diz que deveriam telefonar para o 0800 disponibilizado para as famílias. Nadia hesita. Telefonar para o 0800 seria reconhecer que estão preocupados, e não existe motivo nenhum para se preocupar. Ela repete isso, que não existe motivo nenhum para se preocupar, e conta uma história que o marido e o filho já conhecem. Foi em 6 de outubro de 1981. Era a comemoração, no Cairo, do aniversário da vitória do Exército egípcio sobre Israel, que deu início à Guerra do Yom Kippur em 1973. A mãe de Nadia tinha acabado de fazer uma cirurgia bastante séria. Seu pai, que era jornalista da rádio francófona do Cairo, levou Nadia de carro para ver a mãe no hospital. No caminho, cruzaram com o desfile. Nadia passou o dia na cabeceira da mãe, que estava se recuperando. Elas conversaram, tranquilamente. Da janela do quarto via-se um jardim, escutavam-se os pássaros. Em determinando momento, as duas se surpreenderam com um helicóptero que sobrevoou o hospital ruidosamente. Foi só às nove horas da noite que a irmã de Nadia chegou e lhes anunciou que o país estava um caos porque o presidente Sadat tinha sido assassinado por integrantes da jihad islâmica do Egito. Elas tinham passado um dia tranquilo sem saber que essa imensa desgraça havia acontecido, arruinando todos os esforços de paz no Oriente Médio. Apegando-se a essa lembrança, Nadia se convencia de que não conseguiam falar com Lamia e Romain porque os dois apaixonados tinham desligado os celulares nessa noite que passariam juntos e se isolado do mundo. O céu pode estar despencando sobre Paris, eles não estão sabendo de nada, não querem saber de nada. Estão juntos e felizes.

Mesmo assim, Nadia telefonou para o 0800, por volta das duas da madrugada. A resposta a acalmou: não havia sinal de Lamia entre as vítimas. Vão telefonar de volta, é claro, se tiverem notícias. Ela pega no sono numa poltrona. De manhã, a unidade do ministério não telefonou, então é com alguma confiança que ela posta no Facebook uma mensagem de apoio às famílias das vítimas. Às dez horas, recebe um grupo pequeno de alunos de árabe. São quatro alunos assíduos, entre 45 e 78 anos. Assim que chegam e entendem a situação, querem ir embora para não atrapalhar, mas Nadia os impede de ir e eles ficam por um tempo, sem nada pra fazer, olhando para o nada, cada vez mais desconfortáveis. Enquanto isso, os amigos de Lamia se precipitaram numa ronda pelos hospitais. Às treze horas a mãe de Romain telefona e conta para Jean-François que Romain está morto: tinham acabado de ser avisados oficialmente. E foi às catorze horas que a noiva do irmão de Romain telefonou e disse a Jean-François: "Sr. Mondeguer, vou ser direta: Lamia está na lista".

Eles estão na sala. Jean-François se vira para Nadia. Ela se lembra de que ele não disse "Lamia está morta", mas "Lamia está na lista".

"Nesse momento", continua Nadia na tribuna, "um alçapão se abriu. Fomos aspirados, engolidos, para o fundo do poço. Lá em cima, na ponte, as coisas continuam acontecendo. Não fazemos mais parte desse mundo com o qual empatizávamos alguns minutos antes. Eu não chorei. Aconteceu uma dissociação. Era real e irreal. Jean-François disse 'Estou triste'. Só isso, 'Estou triste', e pelo tom da voz entendi que, lá no fundo, ele estava destruído."

Às quinze horas, depois de avisar Gwendal, ele foi até o Instituto Médico Legal com Ylias, um amigo muito antigo de Lamia. Foram de Uber, o Uber ainda não tinha se disseminado, Jean-François não sabia que isso existia. Lá lhe disseram que ela tinha sido morta no Belle Équipe, a 150 metros da casa deles. Também lhe disseram que ela e Romain morreram na hora, que não tinham sofrido. Era um consolo.

No fim da tarde, Ylias perguntou se os amigos de Lamia podiam ir até a casa deles para ficarem juntos. Eles precisavam disso. Eu me coloquei no lugar deles, diz Nadia, entendi a aflição. Só não esperava que fossem tantos: cerca de trinta pessoas, que subiram os quatro andares e se sentaram na sala, em silêncio. No sofá, nas cadeiras, no chão. Jean-François e Nadia ficaram no quarto. Não escutavam nada. Havia trinta jovens do outro lado da parede, mas não escutavam som algum. A primeira noite foi assim. Depois começaram a falar. Eles voltaram todos os dias, durante quase dois meses. Levavam comida, bebida, dava para ouvi-los subindo a escada, a porta ficava aberta, a casa não esvaziava. Falavam de Lamia, da vida deles, da vida. Nadia e Jean-François não conheciam a maioria. Só os amigos da escola Godefroy-Cavaignac, a duas ruas da casa, depois do liceu Sophie--Germain. Lamia continuava muito próxima deles, até mesmo de uma colega do maternal. Eles conheciam os amigos recentes dela, grupos muito diferentes pelos quais ela circulava com desenvoltura, querida por todos. Também era um consolo saber como tinha sido amada.

Muito depois, quando todo mundo foi embora, Jean-François e Nadia foram até o Belle Équipe. Antes, Nadia reclamava quando passava ali para ir ao correio porque as mesas se espalhavam pela calçada, era preciso descer até a via para contorná-las. Agora havia velas, desenhos, mensagens: uma câmara-ardente no meio da rua. À uma da manhã a multidão ia embora. Eles voltaram ali todos os dias. Não se aproximavam, ficavam na calçada em frente. Depois de três meses o café reabriu. Não voltaram mais.

Depois do terremoto do dia 13, vieram as réplicas. Na quarta--feira, dia 18, Jean-François e Nadia foram ao Instituto Médico Legal para ver Lamia, finalmente. Nadia concordou que um grupo de amigos da filha os acompanhasse. O Instituto Médico Legal é o outro nome do necrotério, um prédio de tijolos na margem do Sena, no Quai de la Rapée, onde voluntários da defesa civil os receberam com café em garrafas térmicas. Estava muito frio. Foram encaminhados a uma psicóloga, cuja missão era preparar as famílias para ver seu "ente querido", como ela dizia, por detrás de um vidro e por não mais que três minutos por causa do "choque térmico". Ela os avisou que havia o risco de não reconhecerem "sua" Lamia, depois os fez entrar em um cômodo escuro. Atrás do vidro jazia um corpo sobre uma mesa metálica, coberto até o queixo por um lençol branco, a cabeça com uma atadura. Nadia e Jean-François permaneceram de pé, em silêncio, diante dessa figura branca, saída de uma câmara fria, que tinha sido a filhinha deles. No momento em que iam se retirar da sala mortuária para assinar o auto de reconhecimento, escutaram vozes alteradas na porta. Uma amiga de Lamia, uma daquelas que eles mal conheciam, estava brigando com a psicóloga, repetindo que havia um erro: aquela pessoa debaixo do lençol não era Lamia. De início indignada e inflexível, a psicóloga permitiu que examinassem o tornozelo da moça debaixo do lençol. Ela tinha uma tatuagem no tornozelo. Lamia não tinha nenhuma tatuagem no tornozelo. Nadia e François sentiram por um momento uma esperança louca, que durou até tarde da noite, na unidade chamada de *ante mortem* da Escola Militar, para onde todos foram levados. Eles checaram, cruzaram dados, fizeram testes de DNA: Lamia tinha sido confundida com outra pessoa, mas também estava morta. Nadia estava prestes a assinar o auto dizendo que tinha reconhecido sua filha, sendo que se tratava de outra pessoa. Sem a diligência dos amigos de Lamia, ela teria feito isso — e talvez nunca ficasse sabendo de nada. Esses amigos tão sensíveis, tão preciosos, são presentes que a filha deixou para ela, Nadia pensa.

Durante os quatro anos seguintes, Jean-François Mondeguer se dedicou integralmente à associação de vítimas 13onze15, da qual era cofundador. Foi a escolas falar do terrorismo, da radicalização, e para que ninguém se esquecesse. Foi a Bruxelas assistir ao primeiro julgamento de Salah Abdeslam e Sofien Ayari, acusados de atirar nos policiais no momento em que eram detidos. Mas a tristeza, diz Nadia, o consumiu por dentro. Em 29 de fevereiro de 2020, um ano bissexto, porque ele tinha que ser diferente de todo mundo, ele foi reencontrar sua joaninha. Era como chamava Lamia quando ela era uma menininha. Ela já tinha trinta anos e ele ainda a chamava assim.

Com Jean-François, Nadia tinha escolhido parir seus três filhos na maternidade de Lilas, onde se praticava o parto humanizado. Lamia deixou o mundo da maneira mais violenta que se pode imaginar. É tão difícil de entender, diz Nadia. Pensar que as pessoas que a mataram tinham a idade dela. Todos da mesma idade, entre 25 e trinta anos. Que eram levados à escola pela mão, como ela fazia com Lamia.

Eram criancinhas a quem se dava a mão.

Quando ela diz isso, o silêncio na sala do tribunal é tão denso quanto o dos amigos de Lamia na sala de estar do Boulevard Voltaire na noite do dia 14.

Por fim, ela diz: "Agora, que a defesa faça seu trabalho. E que o faça bem. Digo isso com sinceridade".

Na pista

"Nos shows, gosto de olhar para o rosto das pessoas. Naquela noite os rostos estavam alegres, todo mundo estava feliz. Uma energia boa. (Clarisse) A pista estava cheia, devia ter umas mil pessoas lá dentro, quando os tiros começaram fomos prensados contra as grades. Uma bala me atingiu, não sei qual dos três atirou. (Aurélie) Como eu estava perto do palco, vi os músicos, vi o pânico deles, vi quando eles fugiram para os bastidores. A primeira coisa que pensei foi: é um psicopata que veio atirar na multidão. (Lydia) Tentei pensar: somos reféns e se fizermos o que eles pedirem vai ficar tudo bem, mas não, eles estavam ali claramente para nos matar, e pensei que era bizarro, eu ia morrer num show de rednecks californianos que paguei 30,70 euros para assistir. (Clarisse) Eu queria passar por cima de uma grade mas todo mundo estava empurrando, percebi que estava presa pela perna, perguntei se alguém tinha uma faca para cortar minha perna fora. (Lydia) A pior dor foi ser pisoteada. (Amandine) Joguei minha esposa no chão, me joguei por cima dela, todo mundo na pista se deitou. Depois das primeiras saraivadas, vi um homem de corpo atlético atirando em direção ao chão. Ele caminhava tranquilamente, dava um passo, dois, e um tiro; um passo, dois, e um tiro. Não estava de capuz. Quando me dei conta disso, de que o rosto dele não estava coberto, entendi que todos íamos morrer. (Thibault) De repente me vi numa poça de sangue quente, não conseguia entender como podia haver tanto sangue, tão rápido. (Amandine) Entendi que eu tinha sido ferida gravemente ao tentar tirar do meu rosto o sapato de uma pessoa que estava em cima de mim. Percebi que minha bochecha tinha se soltado completamente e estava pendurada ao lado do meu rosto. Enfiei minha mão direita dentro da boca para tirar meus dentes de lá e não engoli-los, porque eu corria o risco de tossir e chamar a atenção dos terroristas. (Gaëlle) Pensei: é isso, vai ser aqui, vai ser agora. Esta é a minha última respiração. Só me apaziguava o pensamento de que eu não tinha filhos. (Thibault) Eles acenderam todas as luzes e abatiam as pessoas, eu diria que com certo deleite. (Amandine) Eles eram muito jovens, estavam calmos. Em determinando momento o carregador de um deles travou e um outro o ajudou a consertar fazendo piada, como um bom amigo num estande de tiro. (Édith) Eles pararam para recarregar e depois a coisa ficou mais lenta, mais direcionada: bala a bala, mirando um alvo. Um grito, um tiro; um choro, um tiro; um toque de celular, um tiro. (Pierre-Sylvain) Eu não queria mais sofrer, aceitei a ideia de que ia morrer com 32 anos, no meio de pessoas da minha idade que, como eu, tinham uma vida bonita pela frente, sendo mortos por pessoas que sentiam prazer nisso. (Amandine) Um homem se levantou e disse: 'Parem, por que vocês estão fazendo isso?'. Um dos atiradores o abateu. (Édith) Escutei-o dizer: 'Isso é uma vingança pelos nossos irmãos na Síria, vocês podem pôr a culpa no presidente de vocês, Hollande...', e eu não sei o que está acontecendo na Síria, estava ali para me divertir com o Nick, o amor da minha vida, e perguntei para o Nick: 'Você foi atingido?'. Sim, na barriga, ele está com dor, não consegue respirar, por isso encosto a boca nele para ajudá-lo a respirar e então ele morre. (Helen) Ele fez esse discursinho sobre a Síria como se não estivesse nem aí, como se fosse uma lição que ensinam mas ninguém acredita, a única coisa que os excitava era atirar em nós. Lamentável. (Édith) Quem se mexia, morria. Nós fingíamos estar mortos. Os telefones tocavam sem parar, esses toques de iPhone tão característicos que, seis anos depois, ainda fazem meu sangue gelar. (Lydia) O que estava atirando com a arma apoiada no quadril baixou o cano, apoiou a coronha no ombro e começou a mirar para baixo, a cada vez num alvo específico, nos matando um por um. Eu estava machucado. Olhei para Hélène. Ela não tinha mais nariz, e havia um buraco no lugar do seu olho direito. (Pierre-Sylvain) Consegui subir no balcão superior, tinha um homem atrás da fileira do fundo, ele me escondeu debaixo da poltrona. (Édith) Eu estava usando uma camiseta branca, pesava 120 quilos, era um belo alvo. Me coloquei na frente da Édith, pensando que talvez isso a protegesse. (Bruno) Eu só escutava a chacina, encolhida em posição fetal atrás do Bruno, esperando a morte chegar. Vi a porta se abrir na ponta do balcão. O sujeito estava a três, quatro metros, muito calmo, usando tênis brancos. (Édith) Pensei: calma, ele está de boa, parece tranquilo. E então ele levantou o braço e atirou, do balcão, em direção à pista. (Bruno) Foi quando aconteceu aquela explosão aterradora. Já era aterrador, eu pensava que não tinha como ficar pior, mas foi um grau a mais de horror, pensei que era como o Onze de Setembro: o primeiro avião e, depois, o segundo avião. (Aurélie) Caíram confetes de carne por todos os lados. Pensei que o leite da geladeira tinha acabado e que eu não tinha pagado o refeitório da minha filha. (Édith) Vi penas voando, caindo sobre nós bem devagar, e na sequência entendi que eram as penas do casaco de frio dele. (Amandine) Eu me lembro do pântano viscoso em que patinávamos, o cheiro de pólvora e sangue, e então a explosão, os pedaços do camicase que começaram a chover sobre nós. Numa alucinação, vi meu filho me dizendo: mamãe, você precisa se levantar, você precisa sair. (Gaëlle) Um amigo do Bruno veio em nossa direção, disse que a coisa estava um pouco mais calma, que era a hora de fugir. Bruno me falou para ir com eles. Eu disse que não conseguia mais me mexer, e ele disse: 'Ok, vou ficar com você'. E ficou comigo. Uma completa desconhecida. Parabéns, Bruno. (Édith) Escutei os policiais gritarem: 'Quem consegue andar, evacue!', e um homem que se levantava viu minha perna, disse que sentia muito mas não conseguia me ajudar. (Amandine) Foi ao me erguer que vi a carnificina. A luz ofuscante, branca. A pilha de corpos, de um metro de altura, me lembrou as imagens do massacre da Guiana. Toda a pista coberta de corpos emaranhados, era impossível distinguir os mortos dos vivos. E, por cima, as volutas de fumaça: uma imagem impossível de traduzir, incompreensível. (Pierre-Sylvain) Um rapaz me ajudou a levantar, me ajudou a caminhar até o lado de fora e depois voltou para o Bataclan para ajudar outros sobreviventes. (Aurélie) Eles nos mandaram levantar e caminhar até a saída em fila indiana, com as mãos na cabeça, disseram para não olharmos, mas não consegui não olhar. A piscina de sangue preto e espesso, imensa, que continuava a se espalhar. Todos esses corpos que uma hora antes estavam bebendo e dançando. Vi o corpo de uma moça loira, linda, seus membros estavam virados para o lado errado. O policial me disse: 'Continue andando, não se pode fazer mais nada'. (Édith) Segurei a bolsa com força, estava com medo de perdê-la porque ali dentro estava meu cartão do sistema de saúde, e eu ia precisar dele quando estivesse no hospital. (Coralie) Depois eu soube que o jovem cirurgião que me transferiu para o centro cirúrgico na esperança de salvarem meu rosto era um amigo de infância: ele não me reconheceu. (Gaëlle) Quando saí, vi o Bruno tirando pedaços de carne do cabelo de uma mulher que chorava. (Édith) Éramos três quando entramos, saímos em quatro: só coisa boa. (Bruno) Passado um tempo, um pouco antes de morrer, meu pai me disse: 'Eu e você consolamos as outras pessoas das desgraças que nos acontecem'. Eu preferiria não ter motivo para consolá-los. (Amandine)"

Emaranhados

PISOTEAR, SER PISOTEADO

O salão do Bataclan tem capacidade para 1498 pessoas, e estava lotado naquela noite. Na pista, quase mil espectadores. Estavam de pé, grudados uns nos outros. Quando se jogaram no chão com a esperança de escapar das primeiras saraivadas, não caíram uns ao lado dos outros, mas *em cima* dos outros. Voluntariamente ou não, os que ficaram por cima protegeram os que ficaram por baixo. Muitos que ficaram por baixo falaram do líquido quente e pegajoso que escorreu sobre eles, e não entenderam de imediato que era sangue. Um sobrevivente descreveu várias camadas de cadáveres. Tudo estava misturado, emaranhado — esse adjetivo, "emaranhado", aparece com frequência. Uma sobrevivente diz que, quando os assassinos pararam para recarregar as armas, ela quis se levantar para fugir e apoiou as mãos no chão. Mas o chão debaixo das suas mãos estava mole: não era no chão que ela se apoiava, e sim em pessoas, e não eram mais pessoas, e sim corpos. Nas movimentações desordenadas em direção às saídas, alguns inevitavelmente pisotearam outros ao tentar transpô-los. Entre os que sobreviveram, uma mulher disse que o pior tinha sido isso, ser pisoteada. Outros dizem que, para eles, o pior foi pisotear.

O MISTÉRIO DO BEM

A culpa, que corrói a maioria dos sobreviventes, é ter sobrevivido: por que eles morreram, por que eu sobrevivi? Para alguns, essa culpa é mais concreta. Tem um rosto que os assombra. O rosto de alguém que pedia ajuda, que talvez pudesse ter sido socorrido e não foi. Seja por haver outra pessoa a socorrer, alguém que se amava, alguém que foi passado na frente. Seja para salvar a própria pele, porque as pessoas passam a si mesmas na frente. Os que fizeram isso não conseguem se perdoar. Alguns dizem isso, com palavras pungentes. As outras pessoas os perdoam, dizem que é normal, é humano. Eles também se apegam ao fato de que muitos agiram bem, muitas vezes melhor que bem: para além do que dita a moral. As histórias de naufrágios, catástrofes, de salve-se quem puder, costumam revelar o que há de pior no humano. Covardia, cada um por si, lutar até a morte por um lugar nos botes salva-vidas do *Titanic*. Neste caso, isso aconteceu muito pouco. A não ser que, mais ou menos conscientemente, se tenha construído uma ficção coletiva de nobreza e fraternidade entre os sobreviventes do Bataclan — o que é possível —, esses exemplos de ajuda mútua, solidariedade, coragem, uma audiência após a outra, são impressionantes. Como Bruno, que, não contente em proteger Édith, uma completa desconhecida, com sua corpulência imponente, quando tem uma oportunidade de sair diz: "Vem, vamos embora"; "Não consigo me mexer", ela responde; e ele, placidamente, "Ok, vou ficar com você". (Bruno trabalha no atendimento ao cliente da empresa de transporte ferroviário SNCF, ouve as reclamações impassível, a única coisa que o faz perder a paciência é quando, devido ao atraso de um trem, fazem a acusação de tratar os viajantes "como reféns".) Como Clarisse, que, seguida por umas cinquenta pessoas, arromba com a energia de um James Bond em *007 Contra Golden Eye* (a referência é dela) um teto falso que dá acesso a um esconderijo. Apesar do pânico, eles deixam os mais fracos subir primeiro, fazem escadinha com as mãos e ninguém diz: agora tem gente demais, não dá para todo mundo vir, o barco está cheio. Como o comissário da BAC, a Brigada Anticrimes, que por iniciativa própria, ignorando a hierarquia, decide entrar no Bataclan só com seu motorista em vez de aguardar reforços, sabendo que há muito poucas chances de os dois cruzarem de novo aquelas portas no sentido contrário. Eles têm apenas pistolas pequenas contra as kalashnikovs, mas o comissário consegue acertar um terrorista, que se explode no local, e seu gesto foi não apenas heroico, mas eficaz: com isso os tiros cessaram e foi possível começar a evacuação de quem estava vivo. Como os casais que continuaram juntos, quando um dos dois saiu do massacre inválido ou desfigurado.

"O mal imaginário é romântico, romanesco, variado; o mal real é sombrio, desértico, aborrecido. O bem imaginário é aborrecido; o bem real sempre é novo, maravilhoso, inebriante."

Fala-se demais, e com excesso de complacência, do mistério do mal. Estar disposto a morrer para matar, ou estar disposto a morrer para salvar: qual é o maior mistério?

A OAS

Simultaneamente ao V13, corria no tribunal correcional de Paris um julgamento interessante. Os réus são seis rapazes brancos pobres do departamento de Bouches-du-Rhône. Logan Nisin, o chefe, ridicularizado na escola por suas espinhas e tiques faciais, entrou para o neonazismo (o endereço de e-mail dele era "klausbraun", em referência a Klaus Barbie e Eva Braun)* antes de abrir no Facebook uma página dos "admiradores de Anders Breivik" — aquele racista norueguês que em 2011 realizou a façanha de matar, sozinho, 77 jovens social-democratas que tinham se encontrado para um seminário em uma ilha. "Eu não o considerava um terrorista", diz Nisin, "e sim um resistente." Adepto da teoria da Grande Substituição (dos povos autóctones por invasores muçulmanos),** na sequência ao Treze de Novembro o garoto criou seu próprio grupelho, a OAS — sigla para Organisation des Armées Sociales, ou organização dos exércitos sociais —, e em homenagem à OAS dos tempos da guerra da Argélia,*** da qual, dada sua pouca idade,

* Klaus Barbie (1913-91), conhecido como "carniceiro de Lyon" por torturar prisioneiros, foi um oficial da SS, organização paramilitar nazista; Eva Braun (1912-45), companheira de Adolf Hitler. (N. T.)

** Grand Remplacement é uma teoria da conspiração racista de extrema direita, disseminada pelo escritor Renaud Camus e defendida por nomes como o ex-candidato à presidência da França Éric Zemmour, já citado neste livro. Grosso modo, prega que as populações brancas europeias estão sendo substituídas, em número e culturalmente, por populações de imigrantes. (N. T.)

*** Organisation Armée Secrète [Organização Armada Secreta] foi um grupo clandestino paramilitar de direita. Criado em 1961, era contrário à descolonização da Argélia, que lutou contra a França por sua independência entre 1954 e 1962. (N. T.)

não se sabe como ouviu falar. No site é possível ler coisas como: "Filhos de imigrantes, blacks, dealers, migrantes, bandidos, jihadistas: se você também sonha em matar esse tipo de gente, junte-se a nós, essa é a nossa missão". Ou, mais sinteticamente: "Estamos recrutando caçadores de árabes". Ele recrutou meia dúzia deles, sobre os quais exercia uma autoridade surpreendente, ainda mais considerando como ele se lamentava por sua excepcional falta de carisma. Um ritual iniciático que impôs aos recrutas foi "estourar" um filho de imigrante, escolhido ao acaso nas ruas de Marselha. A coisa teve vida curta, o filho de imigrante escapou sem sequer se dar conta do risco que correra. Apesar desse início pouco encorajador, Nisin pensava grande e sonhava em imitar os grandes exemplos: Breivik, é claro, Dylann Roof (Carolina do Norte, 2015, nove afro-americanos), Alexandre Bissonnette (Canadá, 2017, seis muçulmanos), Brenton Tarrant (Nova Zelândia, 2019, 51 muçulmanos). Fez tudo que estava a seu alcance para traficar um fuzil de caça e transformá-lo em arma de guerra, tentou comprar outros com a máfia sérvia e obter TATP, o explosivo do jihadismo moderno, idealizou um grande massacre na saída de uma mesquita e o assassinato de algumas figuras do islamoesquerdismo,* entre as quais Jean-Luc Mélenchon** — que se constituiu parte no julgamento, ainda que o projeto não tenha saído do papel. De modo geral, Nisin e seu bando fizeram muitos projetos e não realizaram nenhum. A indiscutível nocividade deles permaneceu no estágio da intenção e do ódio virtual. Isso não impediu que fossem presos e julgados, sob acusação de "associação criminosa terrorista". A procuradora que requereu contra eles, referindo-se à simultaneidade com o V13, aludiu à semelhança entre o percurso deles e o de jihadistas que eles combatem — "são duas faces da mesma moeda", ela diz — e à sua periculosidade potencial, mais extrema. Os advogados denuncia-

* *Islamo-gauchisme* é um conceito utilizado sobretudo pela extrema direita francesa para nomear uma suposta associação entre a religião islâmica e a militância de esquerda; o termo promove assim um discurso de medo contra o que seria um movimento de radicalização ideológica. (N. T.)

** Jean-Luc Mélenchon, político de esquerda, foi ministro e deputado europeu. Pelo partido La France Insoumise [A França insubmissa], candidatou-se às eleições presidenciais de 2022, pela terceira vez. (N. T.)

ram o amálgama, a condenação preventiva, que é contrária ao direito. Logan Nisin pegou nove anos. Esse julgamento ensina duas coisas. A primeira é que o V13 revelou a disfuncionalidade dos serviços de inteligência. Pessoas reconhecidamente radicalizadas, treinadas na Síria, inscritas no arquivo S* foram deixadas em liberdade na ausência de crimes já cometidos, e a opinião pública não admite mais essas tergiversações legalistas: é preciso derrubá-los *antes* que eles derrubem. A segunda é que a ameaça terrorista está mudando. O próximo grande atentado — pois haverá outro, inevitavelmente — pode muito bem vir não de jihadistas, mas de seus emuladores e inimigos jurados: os supremacistas brancos.

---

* Fichier S é o nome do arquivo que lista pessoas consideradas uma ameaça à segurança pública ou nacional e que podem ser vigiadas, mas não presas por esse motivo. Em 2018, havia cerca de 30 mil pessoas fichadas sob essa rubrica na França; S corresponde a *sûreté de l'État*, ou "segurança de Estado". (N. T.)

Olhares cruzados

BATACLAN, 13º DIA

Lembro que saindo de *O pianista*, de Polanski, eu disse que tinha achado o filme um pouco longo. Ao que uma amiga que me acompanhava respondeu, ironicamente: "Sabe, ficar lá no gueto de Varsóvia devia ser um pouco longo também". Estamos no 13º dia dedicado aos sobreviventes e às vítimas do Bataclan, ainda faltam cinco. Escutamos quase duzentos depoimentos. Oitenta partes civis complementares foram constituídas nas últimas semanas, elas estão na lista de espera, será preciso ouvi-las em algum momento. Não aguentamos mais. É sofrimento demais, horror demais. É muito injusto com as testemunhas inscritas mais à frente no calendário ou no fim de dias longos, quando a atenção fica embotada e metade da sala já foi embora, mas a verdade é que o espaço do Bataclan — a pista, os balcões, os corredores —, a cronologia da chacina e a trajetória dos sobreviventes foram tão revolvidos em todos os sentidos que já não sabemos como acolher essas palavras que ainda nos deixam em frangalhos, mas não nos surpreendem mais. O clima alegre do show e os primeiros tiros que pensaram ser estalinhos. A certeza de que se vai morrer, o instinto de não morrer. O cheiro da pólvora e do sangue. O fato de os assassinos parecerem se divertir. Os corpos emaranhados, os estertores da agonia, o toque dos celulares. Os machucados em si mesmos ou nos outros, e a descoberta do que fazem as balas de kalashnikov: buracos no corpo humano, tão grandes quanto pratos de comida. O medo pelo outro, ainda mais do que por si mesmo. A travessia do salão conduzida pela polícia, que diz para não olharem, e não dá para não olhar, e nunca mais se esquecerá o que se viu. E depois a difícil reconstrução, a perda do estado de despreocupação, a culpa do sobrevivente.

Não há sequer um depoimento que não desperte terror e pena — as emoções próprias da tragédia. O que fatalmente se torna mais raro é a novidade. Mas ainda acontece.

O ELEITO

Quando Guillaume se aproximou da tribuna, todo mundo sentiu que tinha alguma coisa acontecendo. Aquele rapaz muito bonito, calmo, contido, ponderado, apresentou-se sem emoção como "aquele que estava na mira do terrorista no palco na hora que o comissário da BAC chegou". Vou relembrar o contexto. Os três assassinos — os nomes deles se tornaram familiares para nós: Foued Mohamed Aggad, Ismaël Omar Mostefai, Samy Amimour — entraram no Bataclan às 21h48. Em dez minutos, mataram noventa pessoas e feriram cerca de duzentas — em seguida começa outra sequência, muito mais longa: tomam reféns. No momento dos primeiros tiros, Guillaume está na pista e tenta abrir caminho entre mortos e feridos até uma saída de emergência. Dois terroristas sobem no balcão, de onde continuam a atirar. O terceiro, Samy Amimour, está em cima do palco. Acontece então uma coisa inédita, sem equivalente nas centenas de depoimentos que escutamos. Todos na pista acreditaram que sua única chance de sobreviver era evitando qualquer interação com os terroristas. Quando um homem, no início, se ergueu dizendo: "Mas por que vocês estão fazendo isso? Parem!", ele foi imediatamente assassinado. Uma palavra, você morre. Um gesto, você morre. Seu telefone toca no seu bolso, você morre. Um olhar, então, nem se fala. No entanto, foi isto que Guillaume contou: "Meus olhos cruzaram com os de Samy Amimour e ele me indicou com o olhar que não ia me matar, ao menos não naquele momento. Ele me disse: 'Você está com a gente. Levanta'". Pergunta: por qual capricho um sujeito que mata todo mundo sem distinção escolhe de repente, entre todas as suas vítimas em potencial, alguém para quem sinaliza, com um único olhar, que não vai matá-lo? Alguém a quem ele diz: "Você está com a gente"? "Talvez", diz calmamente Guillaume, "porque o olhar dele não tenha cruzado com muitos outros naquela noite." Esse exemplo, e o fato de os onze reféns mantidos no balcão durante as duas horas seguintes terem saído de lá vivos, confirmam a ideia, desenvolvida por Emmanuel Levinas, de que, uma vez que se examinou com atenção o rosto de um ser humano, torna-se muito mais difícil matá-lo. (Vale dizer que os vídeos atrozes de decapitação do EI contradizem completamente essa ideia tranquilizadora.) Outra explicação, que proponho pisando em ovos por ser tão politicamente incorreta, é que de Guillaume emana alguma coisa que o *distingue* dos outros, onde quer que ele esteja, alguma coisa que somos mesmo obrigados a classificar como aristocrático e que lhe teria rendido essa eleição perigosa. "Ele me fez subir no palco com ele", continua. "Foi quando subi no palco que vi a extensão da destruição na pista. Os outros dois, que estavam no balcão, começaram a me confrontar: 'Que merda é essa, o que você está fazendo?'. Ele disse: 'Tá tudo bem, ele está com a gente'. Eu mesmo, com a esperança de acalmá-los, disse: 'Estou com vocês'." A essa altura, Guillaume não tem ideia de como as coisas vão se desenrolar. "Fiquei surpreso com a postura despreocupada, descontraída do terrorista. Ele segurava a arma pela coronha, à distância de um braço, como se fosse um brinquedo — de uma maneira que me parecia… não muito profissional." Será que o assassino estava brincando com ele? Será que esse joguinho de gato e rato vai culminar numa execução? Às 21h59, aparecem na entrada do salão duas sombras que Guillaume identifica imediatamente como "bem-intencionadas". Ele está certo, pois essas duas sombras são do heroico comissário da BAC e de seu motorista, que com suas pistolinhas de nada abrem fogo contra o palco e matam Samy Amimour. Guillaume tem apenas o tempo de pular na direção da saída de emergência, enquanto o cinto do terrorista explode, cobrindo o salão todo com uma cascata de parafusos, penas de casaco de frio e confetes de carne humana. Silêncio. "E depois?", pergunta o presidente. "Depois veio o depois", responde Guillaume. Nesse depois também aconteceu com ele uma coisa extraordinária. O comissário da BAC entrou em contato com ele — e apenas com ele, ao que se sabe. "Esse encontro foi decisivo", ele diz. "Fiquei frente a frente com alguém treinado para enfrentar situações delicadas, que me ajudou a separar as emoções das ações." Em outras palavras: depois de ter sido o único eleito por um dos assassinos, ele foi o único eleito pelo salvador. Depois de alguns segundos de um silêncio estupefato, o presidente perguntou a Guillaume se ele tinha acompanhamento psicológico. Com sua voz tão sonora, nesse tom perfeitamente neutro que nos dava arrepios, ele respondeu: “Não”. Mais silêncio. Fim do depoimento.

EM CASA

Diz um aforismo cruel que devemos ser sempre muito fortes quando é o outro que está sofrendo. É verdade, mas até mesmo nós, observadores que no fim das contas não fazem nada além de escutar e transcrever, começamos a nos sentir mal, cada vez pior. Dormimos mal, cada vez pior. Temos pesadelos, ficamos irritadiços. E, com uma frequência cada vez maior, ao entrar em casa, e sem saber como, começamos a chorar (e Deus sabe como eu sou difícil de chorar).

Dois pais

AS PORTAS DO DIÁLOGO

Cada um se projeta nos relatos que ouvimos, mas cada um faz isso de um jeito diferente. Muitas vezes, é uma questão de idade. Tenho 63 anos, já faz um bom tempo que não vou mais a um show de rock, as chances de eu ter estado no Bataclan naquela noite são praticamente nulas. Meus filhos tinham 28 e 25 anos em 2015, eles poderiam ter estado lá. Mais do que com os jovens assassinados, é com os pais deles que me identifico. Com Nadia Mondeguer, cuja filha, Lamia, foi morta no Belle Équipe. Com Georges Salines, cuja filha, Lola, foi morta no Bataclan. Médico aposentado, magro, vigoroso, Salines parece um maratonista: ele é um maratonista. Dá até para imaginar que ele é careca para correr mais rápido. Ele vem todos os dias ao julgamento e, com o decorrer das semanas, se tornou Georges para mim — uma das pessoas a quem me aliei nessa travessia. Nos intervalos, nos encontramos na frente da única máquina de café, que ora está sendo atacada por um monte de gente, ora está quebrada. E, ainda que os bancos dos jornalistas e os bancos das partes civis sejam separados, e os policiais vigiem para que cada um permaneça no seu perímetro, às vezes trapaceamos e nos sentamos lado a lado, cordão laranja e cordão verde, para comentar a audiência aos cochichos. A última vez que Georges viu a filha foi no dia 13, na hora do almoço, que ele aproveitava para ir nadar — ele também nada — na piscina do bairro Butte-aux-Cailles, bem perto de seu consultório. Naquele dia, ele percebeu que tinha esquecido os óculos de natação e, ao sair mais cedo que o previsto, cruzou com Lola, que ia almoçar com sua colega Manon. Não era nada surpreendente, porque as duas trabalhavam na editora Gründ, bem ao lado. Eles se abraçaram, trocaram algumas palavras. Falaram de Lola ir almoçar na casa dos pais no fim de semana. Ela não contou que ia ao Bataclan, só o irmão sabia. Durante a noite toda eles tentaram se tranquilizar, não com o pensamento mágico de Nadia Mondeguer, e sim com argumentos estatísticos. Dezenas de mortos tinham sido anunciados, havia 1500 pessoas no Bataclan: seria mesmo muito azar que ela estivesse no primeiro grupo. A rigor, se fosse preciso negociar com o destino, eles aceitavam que ela estivesse ferida, mas não muito. Não muito, por favor. Georges calculou na sequência que a chance de ser vítima de um atentado terrorista na França é de 2,2 em 1 milhão, muito menor que a chance de ganhar o prêmio principal na loteria. Ele nunca mais voltou à piscina de Butte-aux-Cailles. Em janeiro de 2016, foi um dos fundadores da associação 13onze15, ao lado de Jean-François Mondeguer. Até a morte deste último, foram amigos muito próximos, suas filhas também poderiam ter sido amigas. Em homenagem a Lola ele escreveu um livro bonito sobre o amor e o luto,[1] depois foi coautor de outro que provocou choque no grupo das vítimas, pois é um diálogo com Azdyne Amimour, o pai de Samy Amimour, que se explodiu no palco do Bataclan.[2] Já temos dificuldade, instintivamente, em aceitar que os filhos dos algozes não são responsáveis pelos crimes dos seus pais — mas os pais dos algozes... Georges diz que também é preciso conhecer a desgraça deles. Diz que não é com barbárie que se luta contra a barbárie e que a justificativa para um julgamento como este é o respeito escrupuloso pela norma jurídica. Ele milita a favor daquilo que é chamado de justiça restaurativa. Estabelecida depois do genocídio de Ruanda, consiste em permitir o diálogo entre vítimas e algozes, se as duas partes assim o desejarem: depois do julgamento, sem litígio penal, sem publicidade, sem outras testemunhas além dos guardas da prisão, e o único objetivo é que cada um consiga dizer a sua verdade e avançar na sua reconstrução, se ela for possível. Para ilustrar isso, Georges citou a frase de Guillaume, o rapaz que ficou sob a mira de Samy Amimour no palco do Bataclan: “Se ele me poupou,

---

[1] Georges Salines, *L'Indicible de A a Z*. Paris: Seuil, 2016.

[2] Georges Salines e Azdyne Amimour, *Il nous reste les mots*. Paris: Robert Laffont, 2020.

talvez tenha sido porque nossos olhares se cruzaram". Olhares que se cruzam, a troca, o diálogo: ao escutar Georges, lembrei-me de uma invectiva de Salah Abdeslam, alguns dias antes. Ele tinha dito algo como: "Bom, é uma pena que houvesse muçulmanos entre as vítimas dos atentados, não queríamos isso". Tendo a declaração provocado uma onda de reprovação, ele se defendeu dizendo que ninguém se esforçava para entendê-lo e que era preciso "manter as portas do diálogo abertas". Muitas pessoas, e eu em primeiro lugar, ficaram de queixo caído. Vinda dele, essa proposta era tão perturbadora quanto a de Adolf Eichmann, convencido de que um "comitê de conciliação" entre sobreviventes judeus e criminosos nazistas permitiria recomeçar, com um pouco de boa vontade e se cada um reconhecesse seus erros, a partir de bases mais saudáveis. Georges Salines não concorda com isso. Ele também quer deixar as portas abertas. Está disposto não apenas a dialogar com o pai de um dos três assassinos de sua filha, acredito que estaria disposto a dialogar com o próprio garoto, se ele não tivesse morrido. E, se Salah Abdeslam abrir a porta para ele, ele vai. Diz Jankélévitch, que ele cita ao concluir seu depoimento: "Amar um homem mau não é amar sua maldade, isso seria uma perversidade diabólica. É apenas amar o próprio homem, o homem mais difícil de ser amado".

DEFESA DO ÓDIO

Três dias depois do depoimento de Georges, é a vez de Patrick Jardin, um homem imenso, sem carisma, que começa parabenizando o comissário da BAC por ter matado aquela "escória" do Samy Amimour e diz que sujeitos como Salah Abdeslam deviam ser fuzilados. Não existe mais pena de morte, é uma pena, mas esses vermes deviam no mínimo passar a vida apodrecendo na prisão antes de queimar no inferno. Diz que 38% dos muçulmanos da França aprovam a decapitação de Samuel Paty* e que já passou da hora de o poder público tomar alguma

* Samuel Paty (1973-2020), professor de história e geografia, foi morto em outubro de 2020 perto da escola onde lecionava, na região de Île-de-France, dez dias

providência em relação a esse número. Ele diz: "Me acusam de ódio e é verdade, senhor presidente, eu sinto ódio, e o que mais me incomoda são os pais das vítimas que não sentem isso, ódio. O senhor que escreveu um livro com o pai de um dos terroristas me dá vontade de vomitar". Nós que estamos escutando isso não podemos obviamente condenar esse homem, Patrick Jardin, que perdeu a filha, mas o jorro de fúria arcaica que sai da boca dele nos deixa desconfortáveis. Civilização é aprender a colocar o direito no lugar da retaliação, a justiça no lugar da vingança, e Georges Salines é um homem eminentemente civilizado, com quem eu adoraria me parecer se uma desgraça desse tipo acontecesse comigo. Contudo, antes de superar essa fúria arcaica, que devemos aprender a superar, é preciso reconhecer que ela existe — porque ela existe, inevitavelmente, ou não seríamos humanos. Antoine Leiris, um rapaz cuja esposa foi morta no Bataclan, escreveu um livro comovente, *Vous n'aurez pas ma haine* [Vocês não terão meu ódio],[3] cujo título se tornou um slogan. Admiro a dignidade de todas essas pessoas que passaram pela tribuna repetindo essas palavras, dizendo que não sentem raiva, que tudo que desejam é um julgamento justo, que desejar vingança é dar a vitória aos assassinos, mas antes de tudo penso que esse discurso é unânime e virtuoso demais para ser completamente sincero; depois, que eles silenciaram rápido demais o Patrick Jardin que vive dentro deles e que é bom que pelo menos uma vez, em 250, ouçamos sua voz taciturna e impiedosa. "Dizem que sou de extrema direita, e talvez eu seja de extrema direita, não sei, mas ainda que eu seja de extrema direita, isso vai fazer minha filha estar menos morta?"

---

depois de ter mostrado uma caricatura de Maomé em uma aula sobre liberdade de expressão para promover um debate em torno do atentado contra o jornal *Charlie Hebdo*, em janeiro de 2015. O jovem assassino, que não era seu aluno, foi morto pela polícia logo depois. (N. T.)

[3] Antoine Leiris, *Vous n'aurez pas ma haine*. Paris: Fayard, 2016.

Os esquecidos

O CENTÉSIMO TRIGÉSIMO PRIMEIRO

Também estava na pista outro Guillaume, mais frágil que aquele que nos deixou estupefatos com seu relato no outro dia. Quando o tiroteio começou, ele se jogou no chão, na confusão dos corpos entremeados. À sua esquerda, uma moça estava deitada de barriga para cima. Pela maneira como ela olhava para o teto ele entendeu que estava morta. Ele foi tomado por uma crise incontrolável de tremedeira. Outra moça, que estava à sua direita, segurou a mão dele. No barulho seco e ensurdecedor das saraivadas de tiros, ele a escutou sussurrar, bem perto do seu ouvido: "Vai ficar tudo bem... vai ficar tudo bem...". Depois ele caminhou, rastejou sobre aquilo que descreveu para seus pais como "lama humana". Ele se abrigou com outras pessoas num camarim, onde ficaram por duas horas e de onde escutaram tudo: o fim do tiroteio, a explosão de Samy Amimour, a invasão, os gemidos dos feridos. Quando evacuaram os que estavam vivos, ele viu a pista. Estava gelado quando o pai e o irmão o encontraram. Em seguida vieram todos os sintomas do estresse pós-traumático: insônia, pesadelos, estado de hipervigilância, ataques de pânico. Os gemidos da pista o assombram, fazem-no gritar à noite: nunca vão parar. Acabou o cinema, acabaram os shows, acabou o trabalho, acabaram os amigos. Seu mundo se reduziu ao seu quarto na casa dos pais. Nem ali ele está seguro. O lado de fora invade o lado de dentro. A ameaça está no fundo de si mesmo. Ele não consegue respirar: câncer de pulmão. Tem dor de barriga: câncer de esôfago. Todas as doenças passam pela sua cabeça. Que alento seria uma doença física catalogada. Só sai de casa para ser levado de exame em exame nos hospitais. Radiografia, scan, ressonância magnética, biópsia, não encontram nada. Ou melhor: encontram um delírio hipocondríaco, uma depressão melancólica. "Melancólica" é um adjetivo quase fofo, parece significar que a pessoa está triste, mas não é isso. Os pais de Guillaume não sabiam que o sofrimento psíquico podia ser algo tão atroz. Eles assistem ao filho afundar num território distante, desolado, sem volta. Não podem fazer nada. Gostariam de lhe oferecer algum alívio, um alívio mínimo, um fim de semana no campo, uma comida que ele adora, mas nada o alivia. O último gesto que lhe trouxe algum alívio foi o da moça que, na pista, segurou sua mão, dizendo "Vai ficar tudo bem, vai ficar tudo bem". Ainda hoje eles pensam nessa moça desconhecida. Perguntam-se se ela sobreviveu, adorariam poder agradecer-lhe. No outono, Guillaume foi hospitalizado na ala psiquiátrica, ainda convencido de que vai morrer do câncer que tem. Escreve em sua carta de despedida: "Sofro de um câncer de esôfago. A autópsia confirmará isso". No dia 19 de novembro, encontram-no enforcado no quarto do hospital. Autópsia: nenhum câncer. Quando se fala dos 130 mortos pelos atentados, diz seu pai, esquecem Guillaume, que levou dois anos e seis dias para se tornar o 131º. Obrigado aos que não o esquecem.

A PORCA

Uma emoção sucede e afugenta a anterior, um concentrado de humanidade sucede e afugenta o anterior, um rosto sucede e afugenta o anterior: a imensa psicoterapia que foram essas cinco semanas que se encerram teve a beleza de um relato coletivo e a crueldade de uma seleção de elenco. Cada um que veio à tribuna tinha preparado seu texto, convidado a família e os amigos. Era um momento crucial da sua vida. Para sofrimentos certamente semelhantes, alguns escolheram as palavras exatas e nos perturbaram, outros desfiaram um clichê atrás de outro e nos exauriram. Depois de meia hora, acabou. O presidente dizia: "Obrigado por todos esses detalhes" (frase-padrão) e, se foi mesmo pesado, "Obrigado por esse depoimento tão emotivo". Então retornava para as fileiras de bancos, voltava a se sentar com os outros. As pessoas do Bataclan tiveram uma sorte, no meio da sua desgraça: não estão sozinhas. À sua volta estão seus companheiros. Se foram reféns, são *potes otages* [amigos reféns], e a palavra aglutinada *potages* [sopa] é o mantra deles. Eles saem para beber juntos. São uma confraria, nos interessamos mais por eles desde o início, a ponto de ser preciso lembrar constantemente que o correto é dizer "julgamento dos atentados", e não "julgamento do Bataclan". As pessoas das esplanadas já reclamam de serem menos levadas em consideração, mas os grandes esquecidos são as pessoas do Stade de France. Elas tiveram direito a apenas um dia, o primeiro, e esse dia já nos parece muito distante. Antes de passarmos para uma nova fase do julgamento, o interrogatório dos réus, um desses depoimentos quase desvanecidos me volta à mente: o de uma moça graciosa, mas muito triste, que fazia parte de uma equipe de televisão que tinha ido fazer uma reportagem sobre os torcedores do jogo França × Alemanha. As entrevistas já tinham sido concluídas, mas antes de ir embora ela pensou, num momento de dever de consciência que lhe custaria caro, que podiam fazer mais alguns planos do clima no entorno do estádio. Foi quando ela saiu do chão com o deslocamento de ar de uma explosão. Lembremos que os três terroristas que se explodiram ali foram felizmente idiotas o bastante para fazerem isso não dentro do estádio, onde teria havido um massacre, e sim do lado de fora, por terem chegado tarde demais para entrar, e do lado de fora não havia praticamente ninguém e eles mataram apenas uma pessoa: não é um grande feito, considerando a tragédia completa, mas esse único morto não está menos morto, nem seus filhos menos órfãos. Porcas de parafusos são uma das coisas que um cinto de explosivos projeta, e uma porca dessas ficou incrustada na bochecha de Marylin. Ela poderia ter sido desfigurada, mas não foi. Poderíamos dizer que se deu bem, mas não é verdade: a garota alegre que ela um dia foi não existe mais. Aquela garota que dançava, ria, que atravessava a Europa com a mochila nas costas, aquela garota que ela adorava ser — ela fala disso como se se referisse a um fantasma. Ela foi afastada do cargo com que sonhava e que tinha acabado de conquistar. Seu relacionamento amoroso terminou. Ela voltou a morar com os pais, numa vida que encolheu. Hoje está desempregada, tem insônia, medo, se assusta ao menor ruído, procura a saída de emergência onde quer que esteja, e, ainda por cima, ninguém está nem aí para o que ela viveu. Ah, você foi vítima dos atentados? Você estava no Bataclan? Não. Então nas esplanadas? Não. No Stade de France? Teve um atentado no Stade de France? Ah, não sabia. Para garantir que vai lembrar o que todo mundo esquece, Marylin leva sempre consigo, num tubinho de plástico, a porca de dezoito milímetros que extraíram da sua bochecha. Tira esse tubo da bolsa, diante da Corte. Diz: "Eu gostaria de mostrá-lo, mas vou guardar". Ela o põe de volta na bolsa e vai embora, e 250 outros depoimentos irão prorromper depois do dela e esmagá-lo, e no entanto não vou me esquecer de Marylin, que se afasta, sozinha, graciosa e triste, tão triste, com sua porca dentro de um tubo.

OS RÉUS

Três irmãos

"Não estamos entrando um pouco nos fatos?"

Falamos "julgamento dos atentados", "julgamento do terrorismo", mas isso não tem significado nenhum: julgamento é quando se julgam os réus, e enfim chegamos a esse momento. Por cinco semanas ouvimos os relatos atrozes e lancinantes de cerca de 250 vítimas, e às vezes desviávamos o olhar em direção ao aquário, nos perguntando o que estariam sentindo esses catorze homens de moletom que, atrás do reflexo do vidro, olhavam para seus próprios tênis — esperando que isso acabasse, eu imagino. Então chegou a vez deles, por uma semana. Uma semana é pouco, mas trata-se apenas dos interrogatórios chamados "de personalidade". Dos "fatos" trataremos a partir de janeiro, e da religião também, considerada um primeiro passo em direção aos fatos. É estranho considerar a personalidade sozinha, dissociada dos atos que a expressam, mas essa estranheza se justifica pela arquitetura do julgamento. Ele é tão longo e sua matéria tão abundante que decidiram dividi-lo em capítulos, como um romance: personalidade, radicalização, Síria, preparação dos atentados, comissionamento dos atentados, fugas... Ainda assim, proibir que se trate da religião e dos fatos neste estágio lembra a história do sujeito que começa a fazer análise dizendo: "Gostaria que falássemos de tudo, menos da minha vida pessoal". No final de um dia de audiência, todo mundo tinha interiorizado a arbitrariedade e os efeitos eventualmente cômicos disso. Se alguém fala que um réu gosta de viajar, é permitido dizer que ele foi para a Espanha ou para a Inglaterra, mas não para a Turquia: seria se aproximar demais da Síria, portanto dos fatos. Outro réu, constrangido por uma pergunta de um dos procuradores-gerais, pode responder: "Não estamos entrando um pouco nos fatos?". Risadas pela sala, sorriso indulgente do presidente, o procurador-geral recua: boa jogada. Fala-se, portanto, do que veio antes (infância, camaradagem, estudos, amores, eventuais profissões), do que veio depois (detenção) e, pelo menos nesse capítulo do que veio antes, os réus passam a impressão de terem sido bons meninos, um pouco desajustados, moderadamente religiosos (ainda que estejamos na fronteira dos fatos, é isso que os advogados tentam estabelecer a cada vez), imoderadamente devotados ao haxixe (ou à maconha, nuance que o presidente domina cada vez melhor), entraram e saíram da prisão ao ritmo tranquilizador dos pequenos delitos. "Não saímos da barriga das nossas mães carregando kalashnikovs", disse Mohamed Abrini. E até Salah Abdeslam, que, vedete do julgamento, marcou os primeiros dias com invectivas que poderíamos chamar de intempestivas, parece estar passando por um tipo de entrevista de emprego em que tenta minimizar as pequenas complicações com a polícia na juventude: bem-educado, sorrindo na medida certa, e todas as pessoas se sentem gratas por ele estar jogando esse jogo, quando, no fundo, ele não tem nada a ganhar nem a perder.

MOLENBEEK

No ano passado, fui a Bruxelas fazer uma reportagem sobre um grupo de dez amigos que abriram uma conta bancária conjunta. Cada um deposita o que ganha, saca o que precisa e, contra todas as expectativas, a coisa está dando certo. Os criadores dessa experiência, quase todos artistas, transformaram uma antiga fábrica de bolachas num espaço de coworking em Molenbeek, bairro do centro de Bruxelas que tem a péssima reputação de ser o centro do jihadismo europeu. Como bons burgueses festivos — não serei eu a jogar a primeira pedra —, eles gostam de definir Molenbeek como um lugar multicultural, mas são obrigados a admitir que ali há basicamente uma única cultura: 95% dos habitantes são muçulmanos, as mulheres usam véu do tipo niqab e, sejamos sinceros, as escassas tentativas de criar uma mistura cultural na forma de cafés que acolham várias pessoas ou creches infantis alternativas, não têm muito sucesso. Molenbeek não é, contudo, um bairro perigoso para os *kuffars* — como, em árabe, são chamados os infiéis que nós somos, meus novos amigos e eu. Eles são ignorados mas não são ameaçados, de modo algum. Quando me levaram para ver, numa rua bem próxima da deles, o prédio em que Salah Abdeslam foi preso, ponto alto do jihad tour oferecido aos curiosos, eu não imaginava que um ano depois estaria a alguns metros do próprio Salah Abdeslam, dentro de uma grande caixa de madeira branca, tentando entender, dia após dia, quem ele é, de onde ele vem, o que se passa na sua cabeça. Não imaginava que ouviria com um interesse tão grande a juíza de instrução belga Isabelle Panou — uma mulher truculenta, que lembra a atriz Yolande Moreau — contar, à tribuna do V13, como Molenbeek se tornou aquilo que é hoje e como o islã radical se aclimatou na Bélgica. Isabelle Panou explicou que, em 1969, o governo belga teve a ideia de confinar sua população de imigrantes, sobretudo marroquina, confiando a gestão do culto muçulmano a um poder "neutro", que tinha os meios de financiá-lo: a Arábia Saudita. Foi uma péssima ideia. Sob a autoridade dessa monarquia petrolífera monstruosamente rica e ao mesmo tempo monstruosamente atrasada, a Bélgica e em especial Molenbeek se tornaram esse viveiro de islamistas onde, na geração seguinte, cresceram sete dos réus presentes no aquário e três integrantes do comando que morreram. Nesse povoado de seis quilômetros quadrados, onde a densidade populacional é o dobro da do resto de Bruxelas e o desemprego o triplo, eles moravam grudados muito perto uns dos outros — como mostram os marcadores azuis, indicando suas casas, no mapa projetado pela juíza Panou. Cresceram juntos, foram à escola juntos, fizeram besteiras juntos, besteiras inofensivas, até que em 2012 surge no horizonte a besteira imensa, tenebrosa e magnética que virou a vida deles de ponta-cabeça.

ROLETA-RUSSA

Devido à ordem alfabética, Salah Abdeslam e Mohamed Abrini estão lado a lado no aquário e conversam muito. Às vezes o presidente precisa chamá-los à ordem. Abdelhamid Abaaoud, o chefe do comando, não está ao lado deles porque morreu, quatro dias depois dos atentados, na ocupação em Saint-Denis onde eles tinham se refugiado. Os três eram amigos de infância: três irmãos. As famílias de Abdeslam e Abrini "não eram ricas, mas também não eram pobres", na definição de Abrini. Não são pessoas em situação de vulnerabilidade, nenhum dos réus é, mas a família Abaaoud tem uma vida mais confortável, claramente. Enquanto Abdeslam pai, vindo do Marrocos no início dos anos 1970 como a maioria dos moradores de Molenbeek, é motorista de bonde na operadora de transportes públicos de Bruxelas, Abaaoud pai possui não apenas uma, mas *algumas* lojas de roupas: um burguês, um comerciante, que matriculará seu filho Abdelhamid em uma das melhores escolas católicas de Bruxelas. Salah Abdeslam descreve sua própria família como amorosa e unida, "pessoas que nunca causaram nenhum tipo de problema", e descreve a si mesmo como um garoto tranquilo e gentil, que ia bem na escola a ponto de completar sem dificuldades o ensino médio técnico. Alto, magro, gosta de se vestir bem, tem presença de espírito, certa elegância com desenvoltura: é agradável. Com vinte anos incompletos, tem uma namorada, Yasmina, ao que parece muito bonita, muito bem-educada, e que está inscrita entre as testemunhas do julgamento, mas não se sabe se ela virá, ninguém acredita muito nisso. A situação de Salah Abdeslam não é tão ruim. Já para Mohamed Abrini, a coisa é mais complicada: menos talentoso, menos sedutor, ombros de boxeador e cabeça de fuinha, ele resume a própria vida numa frase melancólica: "Matava a escola, matava o esporte, e xeque-mate". Quando o presidente lembra que o irmão dele se deu bem na vida, ele responde: "Se você for calcular quantos em Molenbeek se deram bem na vida, é um em cinco. Tem gente que se deu mal, tem gente que se deu bem, eu estou no grupo dos que não se deram bem". Primeiro foi aprendiz numa padaria (vem daí o apelido "Brioche"), mas muito cedo se encaminhou para os delitos, com destaque para arrombamentos de cofre em oficinas mecânicas (vem daí o apelido "Brink's"). Abrini é meio que um vassalo de Abdeslam, o amigo forte, atarracado e feioso difícil de colocar para dentro da balada — porque os três adoram ir pra balada. Abdelhamid Abaaoud é, para os outros, aquele diabo que fica no ombro, sussurrando no ouvido. Minúsculo, feio, sorriso zombeteiro, ele é um clown perturbador, com oscilações bruscas de humor; de repente se transformava, como os gângsters nos filmes de Scorsese: está falando tranquilamente quando, sem nem gritar, te pega pelo cabelo e soca sua cara numa frigideira de óleo fervente. Com o dinheiro do pai, Abaaoud circula num 4 × 4, passa os fins de semana em Marrakesh, aposta tudo no cassino onde, diz Abrini, os três garotos jogam "pôquer, blackjack e roleta-russa". O presidente levanta uma sobrancelha. "Russa?" "Se preferir, só roleta", contemporiza Abrini, aparentemente sem se dar conta do efeito do seu lapso. Abdeslam e Abrini têm dificuldade em acompanhar o amigo jogador. Indicado pelo pai, Abdeslam começa a trabalhar na companhia de transportes de Bruxelas, mas acha deprimente. Não consegue se ver trabalhando a vida inteira na manutenção de bondes em troca de um salário que nem sequer paga um fim de semana digno desse nome. Ele não foi feito pra isso. Yasmina, a noiva, fica preocupada: não gosta nada desses fins de semana, aos quais obviamente não é levada, nos quais seu noivo bebe, joga, xaveca umas piriguetes para os *kuffars*. Ela é uma moça de família, uma boa muçulmana, vai obviamente se casar virgem. Desconfia da influência de Abaaoud sobre Salah, e ela está certa. Em 2010, os dois rapazes fazem uma tentativa de roubo, que mela. Um ano de prisão com suspensão condicional da pena, um mês de regime fechado. Não é muito, mas é o bastante para Abdeslam não ser mais bem-vindo na casa dos pais de Yasmina e para ser demitido da manutenção dos bondes, então ele passa por trabalhos precários, clandestinos, vai de um temporário para outro até acabar no café do seu irmão Brahim, Les Béguines. Brahim é o mais velho, menos sedutor, mais corpulento. Todos concordam que ele tinha um vozeirão, um jeito violento, que perto dele todo mundo baixava a bola. Les Béguines é um pé-sujo em que nenhum *kuffar* cogitaria entrar e onde, numa nuvem espessa de haxixe, uma pequena gangue de traficantes ou usuários pesados, às vezes ambas as coisas, fica coçando o saco, pessoas como Mohamed Amri, Hamza Attou e Ali Oulkadi: os comparsas do julgamento. Ao se juntar a essa sociedade de losers que não se largam, Salah Abdeslam sente falta da vida radiante que levava na esteira de Abaaoud. Mas Abaaoud sumiu porque o pai dele teve uma ideia — uma ideia tão ruim quanto à do governo belga, que entregou as chaves das suas mesquitas aos imames wahabitas da

Arábia Saudita.* Acreditando sinceramente que poderia fazer o tempestuoso rapaz voltar ao bom caminho, ele o manda para uma escola corânica do Cairo por um ano, à sombra da mesquita Al-Azhar, que é o coração do islã sunita. Foi assim que, tendo partido de Bruxelas como um delinquente secular, Abaaoud volta como um delinquente salafista.** Mas aqui estamos deixando o território da personalidade e entrando nos fatos, então não vou me antecipar.

* O wahabismo é uma corrente conservadora do islamismo, que busca a purificação da religião pela interpretação literal do Alcorão. Seu nome vem do pregador Muhammad ibn Abdul Wahhab, que viveu no século XVIII e estabeleceu uma aliança com os Saud, família real da Árabia Saudita desde 1744. O wahabismo é a religião oficial do país, e considerado por alguns inspiração para grupos terroristas como o Estado Islâmico. (N. T.)

** Também conservador, o salafismo propõe a retomada das práticas das primeiras gerações islâmicas, que seriam mais puras e genuínas. Esse movimento busca, assim, a restauração do califado, um Estado islâmico que aplique a *charia* — o conjunto de leis baseado no Alcorão — como ocorreu no governo de califas depois da morte do profeta Maomé, em 632. (N. T.)

Início de partida

AS REGRAS DO JOGO

Salah Abdeslam jogava xadrez na prisão, mas parou ao ser informado de que o Alcorão proíbe. Todos nós sentados nos bancos de imprensa corremos para nossos celulares para checar se é verdade: não é. O Profeta proíbe apenas os jogos de azar, o que com certeza não inclui o xadrez. Foi o grande mufti da Arábia Saudita que declarou que o jogo era *haram*, por ser perda de tempo e dinheiro e por despertar o ódio entre os jogadores. Ódio, eu não diria; mas isso que estamos vendo se instaurar ao longo desses primeiros interrogatórios se parece muito com o início de uma partida de xadrez, quando os jogadores movem seus primeiros peões já tendo uma estratégia na cabeça. Vou resumir as regras do jogo. Cada réu é interrogado primeiro pelo presidente e por seus assistentes, que se policiam para permanecer neutros e técnicos. Depois é a vez dos procuradores-gerais, também chamados de acusação, Ministério Público, *parquet*. Num julgamento, eles representam os interesses da sociedade. É em nome da sociedade, e não desta ou daquela vítima, que eles interrogam, elaboram e por fim apresentam a acusação. Enquanto o presidente está rodeado por quatro mulheres, os três procuradores-gerais são dois homens em torno de uma mulher: um outro rosto da Justiça, mais jovem. Nenhum deles tem mais de quarenta anos, e é nítido que os três são muito bons. A mulher, Camille Hennetier, eu conheci na última primavera, quando me apresentei à procuradoria antiterrorista. Ela foi, ao lado do procurador da República François Molins, a primeira magistrada a entrar no Bataclan; faz seis anos que ela passa dia e noite sobre esse caso monstruoso, e desde o início me surpreendi com o comedimento e a precisão de suas intervenções. Emana dessa mulher morena e elegante uma limpidez sem frieza, quando ela se levanta para falar todo mundo escuta (deu para notar que sou fã de Camille Hennetier, e não sou o único). Depois dos procuradores-gerais vêm os advogados das partes civis, e aqui fica mais confuso. No total, são 350, e eles obviamente não estão todos presentes ao mesmo tempo. Muitos nunca vêm, ou muito raramente. Talvez vinte ou trinta estejam sempre aqui. Eles representam seus clientes, o sofrimento de seus clientes e não o dano à sociedade, mas também interrogam para provar a culpa dos réus, de modo que às vezes é difícil diferenciar o papel deles do papel dos procuradores-gerais. Entre eles, há alguns que adoro: Sylvie Topaloff, que tem uma linda voz rouca, cheia de raiva e inteligência; Jean-Marc Delas, um varapau imperturbável que faz questão de falar o menos possível, apresentar tão poucas alegações quanto possível, atrapalhar o menos possível o decorrer das coisas: um advogado taoista, um dos melhores companheiros nos intervalos da audiência. Por fim, os advogados da defesa — sendo regra absoluta do procedimento francês que a defesa tenha a última palavra. Estes são menos numerosos, cada réu possui em geral dois advogados, dada a dificuldade de ter domínio sobre um caso tão imenso. Isso dá cerca de trinta advogados diante do aquário, que são obrigados a estar aqui. Sejam as perguntas feitas pela Corte, pela acusação, pelos advogados das partes civis ou pelos advogados de defesa, cada um deles pode pedir a palavra a qualquer momento, trata-se do duplo princípio do contraditório e da oralidade dos debates. Pronto, vocês já sabem mais ou menos tudo.

CRIMINOSOS TERRORISTAS, OU SÓ CRIMINOSOS

Uma vez que todos os autores da chacina morreram, os réus não passam de cúmplices por definição, mas os graus de cumplicidade são muito diferentes. No topo da hierarquia está Salah Abdeslam, que fazia parte do comando, deveria ter se explodido como seu irmão Brahim e é o único que poderá dizer se deixou de fazê-lo porque seu cinto tinha um defeito, porque teve medo ou porque no último minuto pensou que aquilo que estava prestes a fazer não era bom. Esse escrúpulo moral tardio, caso seja estabelecido, poderia jogar a seu favor, mas não o impedirá de passar, se não o resto da vida, ao menos muitos, mas muitos anos na prisão. No meio da hierarquia, sujeitos que não vêm de Molenbeek, mas da Síria, que não participaram diretamente dos atentados mas poderiam ou deveriam ter participado, e são apresentados como soldados aguerridos do Estado Islâmico: Osama Krayem, Sofien Ayari, Mohamed Usman, Adel Haddadi. Para eles, a princípio, também é o fim da linha. E depois, bem na parte inferior da hierarquia, os pequenos infratores, ou talvez nem mesmo infratores — Mohamed Amri, Hamza Attou, Ali Oulkadi, Yassine Attar, Farid Kharkhach —, cujos advogados têm uma chance razoável de provar que sim, eles participaram dos atentados, mas por acaso e sem saber exatamente o que estavam fazendo. Na verdade, é isso que está em questão: quem sabia o quê? Será que quem alugou um carro ou um apartamento fez isso pensando que acobertaria alguns esquemas não muito dentro da lei ou fez isso para contribuir, com conhecimento de causa, com o massacre de 131 pessoas? Juridicamente, isso que ele fez corresponde a associação criminosa ou associação criminosa terrorista? No primeiro caso, não é tão grave: ele poderia até, se está na prisão há seis anos, sair livre. No segundo, vai pegar a pena máxima, aconteça o que acontecer.

KAMIKAZ

Nas primeiras altercações entre os procuradores-gerais, que querem imputar ao réu a associação criminosa terrorista, e os advogados da defesa, que dizem "Não, são só criminosos", não entendemos determinadas apostas. Por exemplo, debateu-se longamente se Yass era um apelido do réu Yassine Attar. Os procuradores-gerais, que leram todas as mensagens de seu celular, encontraram muitos momentos em que ele foi chamado de Yass. Seus advogados, por sua vez, objetaram que os momentos em que ele não foi chamado de Yass foram muito mais numerosos. Não consigo entender por que brigam com todas as suas forças em torno disso até minha colega do *L'Obs*, Violette Lazard, me explicar: num computador utilizado pela célula terrorista e encontrado numa lixeira de Bruxelas logo depois dos atentados de 22 de março de 2016, trata-se repetidas vezes de um tal de Yass, e essa história aparentemente inocente do apelido é na verdade o único ponto importante do interrogatório, que determinará para qual lado vai caminhar o destino de Yassine Attar. Um pouco depois é a vez de Mohamed Amri, que junto com Hamza Attou foi buscar Salah Abdeslam em Paris na noite dos atentados para levá-lo de volta a Bruxelas. Seus advogados, Negar Haeri e Xavier Nogueras, movimentam seus peões na esperança de demonstrar, na sequência, que seu cliente foi até lá para tirar o amigo de uma confusão envolvendo carros ou tráfico, com certeza não um atentado terrorista, e o que o impediu de denunciar Abdeslam quando entendeu de onde ele voltava não foi solidariedade jihadista, apenas o código moral dos desocupados de Molenbeek: você não dedura um irmão, não importa o que ele possa ter feito. Com pequenas perguntas bem colocadas, Haeri estabelece que: 1) Seu cliente é prestativo e leal: um sujeito com quem se pode contar; 2) ele adora dirigir, e sempre chapado, porque fuma o primeiro baseado ao acordar — o que, é claro, altera seu discernimento. Nesse ponto, Nogueras assume o controle e movimenta mais um peão, perguntando ao seu cliente se, além de ser prestativo, leal e de adorar dirigir chapado, ele gosta de fazer isso ouvindo música. Já sabemos o que virá: os muçulmanos fundamentalistas podem jogar xadrez, ao contrário do que pensa Abdeslam, mas não podem ouvir música. "Sim", Amri confirma, "ouço música." "Que tipo de música?" "Rap." "Que grupos?", insiste Nogueras, para enfiar na nossa cabeça que é verdade, ele ouve mesmo música. "Bom", diz Amri, candidamente, "Kamikaz."

A partida está apenas iniciando.

O dia de Hollande

UM DEBATE

Grande agitação nesta quarta, 13 de novembro: íamos receber François Hollande. Todos os jornalistas-turistas que vieram no primeiro dia e foram embora no segundo estavam de volta — obrigando-nos a nos apertarmos nos bancos que já viraram parte da nossa rotina. Para aquecer a sala, à espera da chegada da vedete, houve um pequeno debate esquisito — esquisito porque inútil e, ao mesmo tempo, muito bem conduzido — sobre se o depoimento do antigo presidente fazia sentido ou não no julgamento. Que tipo de esclarecimento ele poderia fornecer a respeito dos fatos, da personalidade dos réus ou da moral deles — os três critérios que, segundo o artigo 331 do Código de Processo Penal, são exigidos para justificar a citação de alguém como testemunha? Pois, se a condição de partes civis foi negada a pessoas que estavam dentro do Stade de France, onde nada aconteceu, por que fazer tanto barulho em torno de Hollande, que também estava lá dentro e no qual ninguém atirou, até onde se sabe? Por que esse salvo-conduto? Porque, no momento dos acontecimentos, ele era presidente da República? A resposta óbvia: sim, porque ele era presidente da República. E porque foi ele, nomeadamente, que os terroristas responsabilizaram. As pessoas ouviram-nos dizer, no áudio terrível do Bataclan: "Podem agradecer ao seu presidente François Hollande. É por causa dele que estamos matando vocês, foi ele que começou, jogando bomba nas nossas mulheres e nos nossos filhos". Apesar de alguns advogados da defesa darem sua última cartada levantando esse problema inexistente apenas para gerar alguns tuítes, o mais sábio era concluir, como fez Camille Hennetier: vamos julgar se o depoimento é oportuno uma vez que o tivermos escutado — e, além disso, agora que Hollande estava aqui, ninguém ia pedir para ele voltar para casa.

Enquanto esperávamos, fazíamos apostas: será que vai acontecer um incidente na audiência? Será que Salah Abdeslam vai sair da casinha, como fazia no começo do julgamento e parou totalmente de fazer? Jean-Marc Delas, meu amigo advogado taoista, tinha imaginado seu próprio roteiro: no momento em que Hollande se aproxima da tribuna, antes mesmo de abrir a boca, Abdeslam se levanta e aponta para ele, gritando: "O réu é ele! É ele que deveria estar no aquário!". Sejamos sinceros: por mais que gostássemos da serenidade dos debates, esperávamos alguma coisa desse tipo. Não aconteceu nada. Isso mesmo: uma agitação confusa, e de todo modo tardia demais, por parte de Abdeslam, que Jean-Louis Périès calou de imediato, pois um presidente não solta a mão de outro. Hollande foi correto, articulado, um pouco artificioso, mas bem-humorado: foi Hollande. Os advogados das partes civis fizeram perguntas respeitosas e em sua maioria inúteis, às quais ele respondeu, essencialmente, que faria tudo igual. A única pessoa que tentou alguma coisa foi Olivia Ronen, a advogada jovem e belicosa de Abdeslam. Vou resumir sua argumentação. O discurso dos terroristas é que os atentados são uma resposta legítima ao terrorismo de Estado praticado pela França no Iraque e depois na Síria: vocês massacram inocentes do nosso lado, nós viemos massacrar inocentes do lado de vocês. Olho por olho, dente por dente, vocês não deviam ter começado. O discurso do Estado francês é que uma resposta dessas não apenas seria inadmissível em qualquer situação mas que, além disso, o argumento não se sustenta, uma vez que o Estado Islâmico ameaçou a França *antes*, e não depois dos primeiros bombardeios no Iraque. Segundo a frase de Hollande: fomos atacados por aquilo que nós somos — o país da liberdade —, não por aquilo que fizemos. Todo mundo parece concordar, e no entanto é isso que Ronen contesta. "Só um momento, senhor presidente", ela diz, "vamos ver a cronologia mais de perto. Em 29 de junho de 2014, no minarete da grande mesquita de Mossoul, Abu Mohamed Al-Adnani, porta-voz do Estado Islâmico, proclama o califado. Estamos de acordo?" Hollande não pode deixar de concordar, é um fato objetivo, mas ele se pergunta onde isso vai chegar. "Em 21 de setembro de 2014, o mesmo Al-Adnani convoca solenemente uma punição para o Ocidente, os americanos e sobretudo os "franceses malvados e sujos". E quando aconteceram os primeiros bombardeios franceses no Iraque? "Ahn", responde Hollande, que percebe a armadilha, "no fim de setembro..." (portanto, depois das ameaças de Al-Adnani). "Não", diz Ronen, "em 19 de setembro" (antes, portanto). Logo: a França ataca o EI, dois dias depois o EI anuncia que vai atacar a França. Estritamente do ponto de vista da cronologia, Abdeslam está certo: fomos nós, a França, que declaramos guerra aos cidadãos pacíficos do Estado Islâmico. É um detalhe, logo se passa para outra coisa, mas pensei que Ronen lutou bravamente com as poucas armas de que dispõe e fiquei me perguntando se esse detalhe, essa pedrinha no sapato de Hollande, não seria também uma pedrinha do Pequeno Polegar na trilha de uma estratégia de ruptura, como foi teorizada por Jacques Vergès e aplicada ostensivamente no julgamento Barbie, há exatos 35 anos. Já falei disso antes, provavelmente falarei de novo. O V13 remete com frequência ao julgamento Barbie. Como hoje em Paris, a mise en scène em Lyon foi grandiosa. Transformaram o átrio em um tribunal capaz de receber setecentas pessoas, elevaram o centro da sala do tribunal, filmaram tudo. Queriam transformar esse julgamento no julgamento do nazismo, da Ocupação, da tortura, um julgamento exemplar aos olhos da História. A menos que. A menos que não estivesse lá Vergès, que empenhou todo o seu talento em expor, de todas as maneiras possíveis, um argumento semelhante à lenga-lenga de Abdeslam: a Justiça de vocês não tem valor. Não reconheço a sua Justiça porque a Gestapo torturou na França, é verdade, mas a França torturou na Argélia e ninguém cogitou processá-la. Cada vez que vocês falarem de nazismo, vou falar de colonialismo. E não venha me dizer que uma coisa não tem nada a ver com a outra, não é verdade. Primeiro se olhe no espelho.

O ADVOGADO DO TERROR

Esse é o título do documentário excelente que Barbet Schroeder dedicou a Vergès — um personagem de romance, que começou como um corajoso militante do Terceiro Mundo antes de se tornar, via causa palestina, o defensor de todos os terroristas dos anos 1970, de alguns ditadores sanguinários — mas marxistas — e, para coroar sua carreira, de um algoz nazista. Escondido na penumbra dourada de seu escritório, na frente de estatuetas Khmer — até onde se sabe, um presente de Pol Pot —, ele tem o sorriso do Gato de Cheshire, uma voz melosa e zombeteira: o vilão dos sonhos de James Bond. Barbet Schroeder pergunta a Vergès que lembrança ele guarda do julgamento Barbie. Ele se deleita com a pergunta, saboreia a palavra na boca antes de dizê-la: "Euforia!". Então traga seu cigarro, fascinado consigo mesmo, antes de continuar: "Eram quarenta advogados de partes civis, e só eu. O que significa que cada um deles valia apenas o mesmo que um quarenta avos meu. Lembro que, antes do julgamento, Roland Dumas, futuro ministro do Mitterrand, me disse que seria designado por uma associação de combatentes da Resistência. 'O que você acha disso?' Respondi: 'Não tenho medo de você, mas não o aconselho a fazer isso. Vocês serão quarenta sujeitos repetindo a mesma coisa e fingindo a mesma emoção que não sentem: a dignidade humana... o dever da memória... nunca mais... Se forem bons atores, os três primeiros vão ter algum sucesso, mas do quarto em diante as pessoas vão dizer: Chega! Chega!'. Mesmo assim Dumas foi, e pergunto: vocês sabem o nome de sequer um desses tenores que estavam à minha frente? Um julgamento é um lugar mágico, é uma caixinha de surpresas. 'Nunca mais': ouvimos esse balido uma centena de vezes, mas o que as pessoas realmente pensavam era: o que é que esse canalha do Vergès vai inventar hoje?... Isso me diverte, me excita, mas não se trata só disso. Não suporto ver um homem ser humilhado. Não suporto ver um único homem, nem mesmo o último dos crápulas, ser insultado por uma multidão de linchadores. Um dia me perguntaram: 'Você teria defendido Hitler?'". O sorriso do gato, mais uma vez. "Respondi: 'Defenderia até mesmo Bush'."

“Pessoas que vieram de lugar nenhum”

O PONTO DE VISTA DO POLICIAL

Entrar no Palácio de Justiça durante o V13 é como pegar um voo: em dois bloqueios sucessivos, mostramos nosso crachá e documento, passamos por detectores de metais, esvaziamos a bolsa e os bolsos e, se além disso, tivermos uma garrafa de água, bebemos um gole para provar que não é TATP — o líquido explosivo que os jihadistas chamam de “a mãe de Satã”. Os policiais que fazem a fiscalização são escrupulosos e ao mesmo tempo notavelmente gentis. Tomam todas as precauções pelas quais são responsáveis, mas com uma cordialidade sorridente indicam que não é a *nós* que eles visam. Nós quem? Nós: advogados, jornalistas, partes civis, que ninguém tomaria por terroristas. Tão treinados que são para desconfiar, os policiais não estão, explicitamente, num estado de vigilância máxima quando veem que quem se aproxima, com crachá no pescoço, é um sujeito como eu — um sexagenário branco, à vontade, com cara de bom cidadão a quem não se faria crítica alguma, que tem tão pouco medo de ser parado no metrô para verificarem se pagou o bilhete que na verdade não tem a menor chance de ser parado. Então quem seria suspeito aos seus olhos? Quem os deixaria imediatamente em estado de alerta? A resposta é inconfessável, mas precisa: um árabe. Uma pessoa “de tipo magrebino”, como dizem os relatórios de polícia, jovem, usando um moletom ou um casaco com capuz, e pior ainda se tiver barba. Não há ninguém assim entre nós. As únicas pessoas assim que vemos neste julgamento são as que estão dentro do aquário.

Trata-se da lógica do "nós contra eles" em estado puro. Nós, democratas pacíficos, pessoas honestas sobre quem o V13 atua como uma máquina poderosa de criar comunidade, laço, identificação. Nós nos parecemos, nos entendemos, nos reconhecemos. Na nossa frente, eles. Eles que não se parecem conosco, que nós não conhecemos, que nós não entendemos. Tudo que pensamos saber, vagamente, a respeito desses jovens opacos, "essas pessoas que vieram de lugar nenhum, emitindo sinais fracos", como os definiu o procurador da República François Molins,* é que eles desejam a nossa morte, que até para si mesmos eles preferem a morte à vida. Por isso ficamos felizes quando vêm à tribuna especialistas e pesquisadores nos dizer quem eles são e o que têm na cabeça. O primeiro especialista se chama Hugo Micheron. Arabista, professor de Princeton, 33 anos, boa aparência, terno bonito, que está tão obviamente do lado correto da sociedade que nos perguntamos como conquistou a confiança de uma centena de jihadistas que entrevistou durante cinco anos — nos bairros de onde vieram; na Síria, para onde foram; nas prisões, onde estão hoje. Mas ele a conquistou, e concordo com meu colega do *L'Obs*, Mathieu Delahousse, que já tinha me aconselhado o livro dele, *Le Jihadisme français*,[1] e que disse claramente no fim da audiência que o cara tinha "acendido a luz". Uma das muitas ideias que me surpreenderam na fala dele: nós consideramos o jihadista um enigma, um perigo, mas também uma vítima, um produto doente e cruel de uma sociedade doente e cruel. Para chegar a esse ponto, nós pensamos, é preciso ter sido rejeitado, humilhado, marginalizado por um sistema socioeconômico impiedoso, não ter outra escolha além do crime ou de uma religião que se tornou insana. Micheron não nega que tudo isso seja verdade e que, entre os jihadistas que conheceu, alguns

---

* Em maio de 2015, Molins concedeu uma entrevista ao jornal *Figaro* em que disse haver uma grande ameaça terrorista à França em virtude de seu envolvimento no combate ao Estado Islâmico. Nessa ocasião, comentou que o país estava lidando com pessoas treinadas que emitem "sinais muito fracos, quase imperceptíveis pelos serviços de inteligência", referindo-se à detecção de informações estratégicas incipientes que podem ser monitoradas por esses serviços. (N. T.)

[1] Hugo Micheron, *Le Jihadisme français*. Paris: Gallimard, 2020.

possam ser considerados vítimas nessa acepção — relativa à luta de classes. Mas o que nunca se deve esquecer, ele diz, é que eles mesmos não se consideram nem vítimas nem pessoas em situação de vulnerabilidade. Ao contrário, eles se consideram heróis, na vanguarda de um movimento grande e inevitável de uma conquista mundial. Aos seus olhos, as verdadeiras vítimas são os deploráveis muçulmanos "moderados", alienados, colaboracionistas, que querem acreditar que o islã é compatível com os valores da sociedade corrompida em que vivem. São os *kuffars* que pensam ser — como eu e, imagino, como você — abertos e tolerantes, mas os únicos entre eles que merecem respeito são os identitários de extrema direita,* que concordam perfeitamente com os jihadistas ao reconhecer a incompatibilidade radical entre suas civilizações. Existe um orgulho jihadista, uma confiança jihadista, que explica por que os programas de desradicalização funcionam tão mal. Também não teria dado certo se, no século I, o Império Romano tivesse lançado programas de descristianização: teriam apenas exaltado ainda mais os candidatos a mártir. Quando se empenha a vida em uma luta justa e gloriosa, em que sua alma será fortalecida, em que a vitória é garantida tanto na terra como no céu, por que alguém seria convencido a passar para o lado dos derrotados?

EM AL-SHAM

Poderíamos voltar bastante, e seria preciso. Para a Hégira, que é a certidão de nascimento do islã, ou para o fim do Império Otomano, mas, como Micheron tem apenas quatro horas, ele começa sua apresentação histórica em dezembro de 2010, quando um feirante de Túnis, Mohamed Bouazazi, se autoimolou com fogo porque não suportava mais a miséria e a opressão. O fogo se espalhou rapidamente por todo o país, pelos países vizinhos; trata-se daquilo que chamamos de Pri-

* Na França, o movimento de extrema direita chamado de identitário reúne pessoas e grupos em torno de um discurso racista e xenófobo, que tem a cultura islâmica como um de seus alvos preferenciais. Um dos principais grupos do movimento, o Génération Identitaire, foi desmantelado em 2021 por um decreto do governo francês. (N. T.)

mavera Árabe. Multidões bradejando, multidões eufóricas. Ditadores em fuga: Ben Ali, na Tunísia, Mubarak, no Egito, Kadhafi, na Líbia. Uma esperança imensa: e se um dia, enfim, o mundo árabe escapasse da alternância sinistra de militares corruptos e barbudos sanguinários, que teve seu auge nos anos 1990 na Argélia? A revolta atinge a Síria, mas lá o ditador é mais tenaz. É terrível a repressão de Bashar al-Assad. Manifestações pacíficas são controladas com metralhadoras, tortura, cadáveres nas ruas. Para derrubar o regime, oficiais desertores criam o ELS, o Exército Livre da Síria. Começa uma guerra civil, que fará cerca de 500 mil mortos e esvaziará o país de metade de seus habitantes. Começa também aquilo que Micheron chama de jihadização da revolta. Mobilizados na internet, por toda a Europa jovens muçulmanos radicais e aventureiros se dão conta de que "tá dando um B.O. lá na Síria". Se, na geração anterior, eles teriam ido ao Afeganistão apoiar os mujahidin, agora eles desembarcam nesse país que não chamam mais de Síria, e sim de al-Sham. Um país devastado pela guerra, mas também uma terra prometida, anunciada pelas mais antigas profecias muçulmanas. Um país onde, uma vez que Bashar seja vencido, todos vão viver como nos primeiros tempos do islã, como viviam os companheiros do Profeta. Um país onde será aplicada a *charia* mais rigorosa, mãos cortadas para os ladrões, apedrejamento para as mulheres adúlteras, reino de Deus sobre a terra, felicidade no céu. Alguns chegam a al-Sham para lutar porque adoram lutar, outros porque têm mesmo uma vontade sincera de construir um país, uma sociedade, uma utopia — como os judeus em Israel, diz tranquilamente um jovem jihadista. Foi nesse caldeirão que, na primavera de 2013, mergulhou Abdelhamid Abaaoud, que é o centro desta história. Estão lembrados? É aquele delinquentezinho fanfarrão de Molenbeek, amigo de infância dos irmãos Abdeslam, cujo pai, querendo meter um pouco de juízo em sua cabeça, o mandou para uma escola corânica no Cairo. Em vez de se moderar e assumir as lojas da família, ele voltou radicalizado, como ainda não se dizia na época, ao menos não na linguagem comum, e eis que foi embora de novo, para onde está acontecendo o "B.O.". Entre os guerreiros e os construtores, ele não demora a encontrar seu lugar na subcategoria dos guerreiros psicopatas. Seu aprendizado se dá no hospital oftalmológico de Alepo, nos porões onde são aprisionados os reféns ocidentais e onde ele se aproxima de um tal de Mehdi Nemmouche, que se define como um "criminoso que vai fazer uma limpeza étnica islâmica" e, em maio de 2014, cometerá o atentado contra o Museu Judaico de Bruxelas. Começa a ficar cada vez mais complicado acompanhar o conflito entre o exército de Bashar, o Exército Livre da Síria e a Al-Qaeda, que no início é a organização jihadista dominante. Se o inimigo do meu inimigo é meu amigo, e o amigo do meu inimigo, meu inimigo, enfim, a gente se perde, sobretudo quando a Al-Qaeda é substituída no local pelo Daesh, fundado no verão de 2013 por Abu Bakr al-Baghdadi. Um ano depois, em 29 de junho de 2014, seu porta-voz, Abu Mohamed Al-Adanani, anuncia a restauração do califado da grande mesquita de Mossul.* É uma declaração insana, sob todos os pontos de vista. O califado anterior era o Império Otomano, enterrado por Mustafa Kemal Ataturk em 1924, exatos noventa anos antes. Esses noventa anos foram, para os árabes, noventa anos de desgraça — são humilhados, relegados a uma periferia imunda do planeta; nos países aos quais, levados pela miséria, eles vão tentar fazer fortuna, são reduzidos à condição miserável de trabalhadores imigrantes, sombras furtivas e sexualmente frustradas, que vagam pelos alojamentos Sonacotra** na primeira geração e, na segunda, ainda não verdadeiramente integrados, se sentem divididos pelo sentimento de desprezo e pena por seus pobres pais, vendo-se destinados a se tornar uns desocupados que traficam haxixe e destroem elevadores. Mas esses noventa anos de desgraça chegaram ao fim. Os árabes, que durante cinco séculos tiveram o maior império do mundo, recuperam seu lugar glorioso na História. Já explodiram de alegria quando as torres gêmeas desabaram, agora o califado existe. Pela primeira vez na His-

---

* Daesh é a sigla em árabe para "al-Dawla al-Islamiya fil Iraq wa al-Sham", que pode ser traduzida como "Estado Islâmico do Iraque e do Levante/da Síria" — de onde, por sua vez, se originam as siglas Isil ou Isis, utilizadas em inglês. Ao se autoproclamar um califado, o grupo passou a utilizar o nome de Estado Islâmico (EI) — um Estado que, no entanto, não é reconhecido internacionalmente. (N. T.)

** Em 1956, em seu programa de moradia social, a França criou a Sociedade Nacional de Construção de Alojamento para Trabalhadores da Argélia (Sonacotral, a partir do nome em francês), que em 1963 foi rebatizada de Sonacotra depois da independência do país e passou a receber imigrantes de outras origens em seus alojamentos. (N. T.)

tória, uma organização terrorista reina sobre um território tão grande quanto a França, a que todo mundo pode ter acesso. *Deve* ter acesso, para submeter a totalidade do mundo à lei corânica, como ordenou o Profeta. A Al-Qaeda era uma organização elitista em seu recrutamento — engenheiros, intelectuais, teólogos —; o Estado Islâmico acolhe todo mundo sob o jugo da sua bandeira preta. Adolescentes em crise, idealistas, bufões, lunáticos, todo mundo é bem-vindo, a todo mundo promete-se o eldorado: casa, mulheres, armas, reféns para torturar para quem gosta disso, e muitos gostam. Nomeado emir da Brigada dos Estrangeiros, "um grupo de amigos que mata e decapita com a animação de uma colônia de férias" (quem disse isso foi a esposa de um deles), o jovem Abaaoud prospera e conquista uma glória jihadista mundial graças a um vídeo que os soldados do Exército Livre da Síria encontram num celular abandonado e revendem a jornalistas do canal aberto francês BFM TV. Ao volante de um 4 × 4, ele se vira em direção à câmera e declara, com seu sorriso zombeteiro: "Antes, para sair de férias a gente puxava jet skis, quadriciclos, motocross, carretas imensas com presentes. Agora, a gente reboca os *kuffars*". Ele dá partida, veem-se na parte de trás do 4 × 4 cabos metálicos aos quais estão presos sete ou oito cadáveres, que ele arrasta na pocira, aí *Cut!* e ele é visto, ainda exultante, jogando futebol com uma cabeça. "Vai, meu irmão", ele conclui, "mata esses *kuffars*, olha aquele ali com cara de smurf!" Com um *pakol* dos mujahidin afegãos na cabeça, ele está exultante, tem a expressão de um sujeito ladino e malicioso, feliz com sua achincalhação. Galvanizado por exemplos assim, todo tipo de gente que não sabia nada da jihad correu para al-Sham. Quem leu as cláusulas em letras pequenas no final do contrato ficou desanimado ao descobrir, no formulário de recepção, o campo "data e lugar da morte". Muitos serão mortos, sem sequer saber se pelos legalistas, pelos rebeldes ou por seus próprios chefes. O Daesh, diz Micheron, é o único exército do mundo que não dá valor nenhum para a vida dos seus soldados. Não importa que morram, se for como mártires irão direto ao paraíso. Por outro lado, se querem ir embora, é complicado. Muitos que chegaram exaltados se descobrem numa armadilha. Você entra e não sai mais. Micheron falou muita coisa, estou indo rápido. Os anos de 2015 e 2016, com a onda imensa de atentados na Europa, é o auge do Daesh. Então os bombardeios da coalizão são intensificados. Os grandes chefes jihadistas são mortos, um depois do outro. O califado desmorona em 2017. Em 2018, Vladimir Putin anuncia o fim da guerra. A partir de 2019, começa-se a colocar o problema do repatriamento dos jihadistas franceses que ainda estão na região, e sobretudo de suas mulheres e filhos. Esse é outro capítulo.

NA PRISÃO

Em 2017, a Europa saiu de um período intenso de atentados tão repentinamente quanto tinha entrado em 2015. Queria-se acreditar que essa barbárie arcaica e artesanal havia sido deixada para trás. Mas, explica Micheron, na história do jihadismo existem períodos de recuo e outros de expansão. Sístole e diástole, como em toda história, a começar pela do Profeta, que pregou em Meca na sombra, em segredo, para alguns companheiros, antes de ir à Medina começar sua carreira pública e a série prodigiosa de conquistas militares. O que o Daesh deixou de ter, segundo a análise dos pensadores da jihad — eles existem —, foi a precipitação. Foi acreditar que a etapa de Medina tinha chegado quando se está ainda na etapa de Meca. Uma pequena vanguarda heroica estava pronta, mas não a massa de fiéis — nem mesmo 10% da massa de fiéis que teria feito as coisas mudarem. Um recuo tático se faz necessário, é preciso ter uma base, e essa base é a prisão. A prisão é o laboratório do jihadismo nos anos 2020. A chegada de uma centena de "retornados" com a prestigiosa auréola da aventura na Síria teve um efeito devastador na população carcerária, cuja metade é muçulmana. Eles começaram a ser espalhados em diversos locais de detenção, onde sua influência foi tamanha que, em Fleury-Mérogis, todos os presos por delitos comuns passaram horas berrando de alegria quando foi anunciado o massacre de Nice em 14 de julho de 2016 — um único cretino dirigindo um caminhão matou 86 pessoas na Promenade des Anglais, tá bom pra você? Então tentaram outra política: reuni-los, e criaram-se as UPRA, Unidades de Prevenção da Radicalização, cujo próprio nome já faz pensar: quem tem esperança de *prevenir* a radicalização de sujeitos que foram educados nos batalhões de choque do Daesh na Síria? O dilema da penitenciária é: como isolar os jihadistas do resto dos detentos que eles podem contaminar sem que, como consequência disso, se criem novas sinergias nessas faculdades de gestão do terrorismo — o que de fato são essas unidades especializadas? Declarações dos retornados, compiladas por Micheron: "Quando somos mais que três, já nomeamos um emir"; "Atenção, nós, os jihadistas, acabamos de entrar na prisão: isso que está acontecendo é inédito na Europa. Onde é que, na história das organizações islamistas, elas se reestruturaram? Sempre na prisão! É na prisão que a gente trabalha!"; "A questão é como o jihadismo vai evoluir na próxima década. Tenho certeza de que o próximo Adnani é europeu ou até mesmo francês, e de que neste momento ele está numa prisão francesa". (Morto em agosto de 2016, Al-Adnani era o porta-voz e ideólogo do Daesh. Foi ele quem, em resposta aos primeiros bombardeios da coalização internacional na Síria e no Iraque, fez o discurso, em 21 de setembro de 2014, que foi citado por Olivia Ronen na oitiva de Hollande: "Se puder matar um infiel americano ou europeu, especialmente os franceses malvados e sujos, pode contar com Allah! Bata na cabeça dele com uma pedra, corte a garganta dele com uma faca, atropele-o com seu carro, jogue-o de um lugar alto, sufoque-o ou o envenene!".)

LER O LIVRO DESDE O COMEÇO

Ao escutar Micheron, com sua perspectiva de historiador, lembro-me de uma frase impressionante que Salah Abdeslam disse no início do julgamento e à qual, até onde sei, ninguém prestou atenção: "Tudo isso que vocês falam sobre nós, os jihadistas, é como se vocês estivessem lendo a última página de um livro. O que vocês precisavam fazer é ler o livro desde o começo". Não sei de onde ele tirou uma imagem tão forte, mas naquele dia essa foi uma das duas respostas que ficaram na minha cabeça para a pergunta regularmente colocada: o que você espera deste julgamento? A outra foi dita por um sobrevivente do Bataclan, Pierre-Sylvain: "Espero que aquilo que aconteceu conosco se torne uma história coletiva". Escrever essa história coletiva, ler o livro desde o começo, são duas ambições imensas. Inalcançáveis, talvez. Mas é para isso que estamos aqui.

A estação de clima árido

O CAFÉ CONSPIRATÓRIO

No jargão da polícia, chama-se de "arbusto conspiratório" o matagal soturno, debaixo da autoestrada A86, que foi o penúltimo refúgio do líder do comando, Abdelhamid Abaaoud — o último foi a ocupação em Saint-Denis onde ele foi morto pelo Raid, a unidade de elite da polícia francesa, em 18 de novembro de 2015. Para os esconderijos dos terroristas fala-se também em "apartamentos conspiratórios". Esse adjetivo virou uma piada interna entre os aficionados pelo julgamento. Alguns de nós passamos a chamar um tal bistrô da praça Dauphine, onde nos encontramos antes da audiência, de "café conspiratório": "Onze e meia no café conspiratório, pode ser?". Não são apenas os jornalistas com certo humor ácido que fazem essas piadas, mas também as partes civis, ex-reféns do Bataclan — um grupinho informal de gente que vem todos os dias porque acha o V13 tão viciante quanto uma série de TV. Dito isso, faz uma semana que, para vir todos os dias, é preciso estar realmente *muito* aferrado. No fim de novembro entramos na estação de clima árido do julgamento, em que se sucedem investigadores da Direção Geral de Segurança Nacional (DGSI, na sigla em francês), da Direção Geral de Segurança Externa (DGSE, na sigla em francês) e sobretudo da polícia belga, que obviamente têm coisas interessantes a dizer, mas que são ouvidos sob anonimato para sua segurança, isto é, por videoconferência, com o rosto desfocado. Nos bancos da imprensa, os colegas suspiram.

Contudo, tivemos Bajolet. Bernard Bajolet, na época o chefe da DGSE, o serviço de inteligência exterior francês, é um sexagenário de rosto pouco marcante que poderia ser o modelo para o ator Jean-Pierre Darroussin na série de TV *Le Bureau des légendes* [O escritório das lendas]. Como bom mestre da espionagem, ele não gosta de estar no palco, o que no entanto não o impediu de vir até aqui em pessoa, mostrando o rosto. Quando perguntam sobre seu endereço de domicílio, ele responde: "Digamos que: delegacia de Vesoul". As pessoas riram, acredite quem quiser, mas depois ficou menos engraçado. Ele conta sem meias palavras, sem se esquivar, que sua repartição fez merda. Em resumo: desde o início de 2014 sabe-se que a Europa, e especialmente a França, estão sob ameaça de atentados grandes e organizados, e muitos dos futuros terroristas são conhecidos: seis ou sete, diz friamente Bajolet, dos dez integrantes do comando. O mais perigoso é Abdelhamid Abaaoud, que havíamos deixado dirigindo um 4 × 4 rebocando cadáveres de infiéis na poeira. O vídeo o torna um herói para seus amigos de Molenbeek, que o assistem em looping no café Les Béguines, como se ele tivesse ganhado a competição do Eurovision. Isso também lhe permitiu subir no escalão. No início de 2015, ele entra na Copex, a célula do Estado Islâmico especializada em operações terroristas no exterior. Antes de Bajolet, dois agentes da DGSI, sob os codinomes 948SI e 1310SI, vieram falar sobre o organograma dessa Copex. Altamente estruturada e hierarquizada, é dirigida por um tal de Oussama Attar — irmão de Yassine Attar, que está no aquário —, mas é Abaaoud quem recruta e forma os candidatos para as operações suicidas que estão sendo preparadas na Europa. Ele é o chefe executivo. Os serviços franceses, e não apenas os franceses, sabem disso tão bem que, em janeiro de 2015, reúnem-se com a polícia federal belga, a CIA norte-americana e o Mossad israelense para pegá-lo em Atenas, isolando um bairro inteiro. Mas não o pegam, e depois disso Abaaoud desaparece do radar. DGSE e DGSI concordam que ele está em algum lugar da Síria e esperam que uma bomba acabe caindo na cabeça dele. Ninguém imagina que ele está em Raqqa mobilizando a distância toda a sua gangue de Molenbeek, nem que a partir daquele verão passa a coordenar a viagem de volta da Síria para a Bélgica dos integrantes do futuro comando. Ninguém vê tudo isso ser colocado em prática. Ninguém presta realmente atenção ao depoimento de um pequeno jihadista chamado Reda Hame, que, surpreendido em agosto de 2015 em sua viagem de volta da Síria, faz uma confissão, na tentativa de abrandar sua pena, e explica claramente o que Abaaoud está preparando: "Escolher um alvo fácil, onde tiver um monte de gente. Uma sala de espetáculos. Um show de rock. E o que posso dizer a vocês é que vai acontecer muito em breve", garante Reda Hame. Para resumir, falhas do começo ao fim, que Bajolet reconhece com uma honestidade triste, impressionante.

OS INVESTIGADORES BELGAS

Não se pode dizer o mesmo dos investigadores belgas. Esperávamos muito dos seus depoimentos, uma vez que foi na Bélgica que os atentados foram preparados, que oito réus são belgas, que eles foram localizados e presos na Bélgica, em suma, que, mesmo que os atentados tenham acontecido em solo francês, o V13 é, antes de tudo, uma história belga. Os investigadores belgas não foram melhores que seus correspondentes franceses, foram até piores, mas, ao contrário destes, se esquivam das perguntas, se eximem das responsabilidades — "Ah, não, não era trabalho meu, os colegas vão explicar melhor..." — e não tiveram coragem de estar presencialmente no julgamento. Assim, é de uma sala de reuniões em um prédio administrativo de Bruxelas, com voz em off, que eles transmitem alguns PowerPoint, por vezes com animações alegrinhas nas quais, para ilustrar uma viagem de Istambul a Amsterdam, um aviãozinho voa de uma bandeira turca para uma bandeira holandesa. Questão de segurança, alega a hierarquia deles. Com a diferença de que, observa Olivia Ronen, advogada de Abdeslam, não tiveram o mesmo pudor para se exibir na televisão belga. Resultado: quer eles tenham tomado essa decisão por si mesmos ou seguindo o conselho de seus advogados, cinco réus anunciaram que, já que era assim, também eles não iam aparecer. É portanto diante de um aquário metade vazio que, até nova ordem, os debates continuam.

Réus que se recusam a comparecer são uma situação complicada. É direito deles, não se pode forçá-los, mas, além de fazer a audiência perder uma parte do interesse, isso a estende consideravelmente. Não podemos começar sem enviar um oficial de Justiça para intimá-los, depois esperar que o oficial de Justiça volte, de mãos vazias. Esse passeio leva meia hora, que cada um contabilizou no seu cronograma: a partir de agora, as audiências começam com sua própria suspensão. Em resumo: piso em ovos aqui devido à presunção de inocência, mas pode-se dizer, mesmo assim, que os cinco réus que, como Klaus Barbie, optaram por deixar as cadeiras vazias — Salah Abdeslam, Mohamed Abrini, Sofien Ayari, Osama Krayem e Mohamed Bakkali — são os peixes grandes, os maiores, do caso. Pode-se discutir o grau de implicação deles nos atentados do V13, mas não sua condição de terroristas. Assim, restam no aquário apenas os subalternos, aqueles que têm chance de não se sair tão mal em termos penais, e que por esse motivo ficam na deles. E depois há os três que não estão dentro do aquário, mas na frente dele: Abdellah Chouaa, Ali Oulkadi, Hamza Attou. Esses três me intrigam. Eu os observo, sentados alinhadinhos nos seus bancos auxiliares. Parecem cachorros abandonados, estudantes de castigo. Se um fala com o outro, em voz baixa, o terceiro estica o pescoço, incomodado por estar de fora. Às vezes eles riem. Fazem anotações. Chegam e vão embora como nós. Cruzamos com eles nos corredores, nas galerias. Tentam passar desapercebidos. Um dia a audiência começou com atraso porque, para começar, era preciso que todos os réus estivessem presentes, e estava faltando Hamza Attou. Todo mundo esperou Hamza Attou. Quando por fim chegou, ele explicou, encabulado, que o metrô ficou parado entre duas estações, não era mesmo culpa dele. Desta vez passa, disse o presidente, com seu ar paternal de diretor que por vezes o torna tão adorável, mas tente se precaver nas próximas. Quando, no interrogatório de personalidade, nós o ouvimos contar sua vida, não quisemos ser maldosos com Hamza Attou. Nem com Ali Oulkadi e Abdellah Chouaa. Ainda que esses três não sejam santos, eles estão aqui por acaso, e me pergunto como lidam com o azar horroroso de se verem ao lado de terroristas perigosos neste julgamento gigantesco a que o mundo inteiro está assistindo. Como é a vida deles durante esses nove meses. Onde moram, o que temem e o que esperam, o que dizem a suas famílias. Sim, fico me perguntando isso, e se tivesse coragem adoraria perguntar a eles.

Três auxiliares na frente do aquário

LONGE DE MOLENBEEK

Está sempre escuro quando Abdellah Chouaa sai do tribunal. Desde que chegou a Paris, tem o plano de ir até a avenida Champs-Élysées, mas fica longe, ele não se arrisca, tem medo de se perder ou ser reconhecido, e por enquanto se limita a apenas um único trajeto: a linha 14 do metrô até Saint-Ouen, a 13 até a basílica de Saint-Denis, depois o ônibus 53 para chegar em casa. A casa é um pequeno galpão para guardar coisas no jardim, atrás da casa de uma senhora idosa, cuja sala ele precisa atravessar. São dez metros quadrados, seiscentos euros por mês. Sozinho, sem conhecer ninguém, sem holerite e com umas complicações difíceis de explicar, ele não teria encontrado lugar nenhum sem a ajuda de seu advogado, e pode-se dizer que, ao menos nesse aspecto, ele teve sorte. Mas ele precisa pagar um outro aluguel na Bélgica, setecentos euros, ao qual se soma a gasolina das idas e vindas de cada fim de semana, a própria alimentação se ele faz as compras em Bruxelas, onde os custos de uma família com três filhos são menores. A mãe e as irmãs ajudam um pouco, cada uma dá cinquenta euros por mês, mas isso não vai durar para sempre. Antes ele tinha um trabalho de verdade, entregava no aeroporto os blocos de gelo que são colocados no porão do avião, hoje ele trabalha nas feiras de domingo revendendo roupas roubadas. Clandestinamente, ele confessou à Corte, que não teve coragem de recriminá-lo. No dia em que conversamos, ele tinha acabado de vender seu carro: 3700 euros, com os quais ele vai ter que se segurar até o fim do julgamento, em maio. Supondo, é claro, que no fim do julgamento não vão mandá-lo para a prisão: seria uma catástrofe, ele prefere nem pensar nisso.

"Os amigos do papai aprontaram uma besteira das grandes"

Assim como Hamza Attou e Ali Oulkadi, Abdellah Chouaa comparece ao V13 sob custódia judicial, é réu mas não está detido, e é obrigado a estar presente em todas as audiências. Dia após dia, esses três homens de cerca de trinta anos, de Molenbeek, acostumados com os delitos superleves e sobretudo com os revezes, se sentam na frente do cubo envidraçado onde estão os catorze "verdadeiros" réus. Abdellah Chouaa nunca se vira para olhá-los ou falar com eles — principalmente com seu ex-amigo Mohamed Abrini, calibre grosso do caso e motivo pelo qual está aqui. Abdellah Chouaa teve a infelicidade de levar Abrini em seu carro até o aeroporto de Bruxelas-Zaventem no dia 23 de junho de 2015, depois de ir buscá-lo em Paris em 16 de julho. Nesse meio-tempo ele recebeu telefonemas frequentes de números exóticos do Laos, do Butão, da Guiné, da Rússia, na verdade de phone-shops da Síria. Ele jurou, ao longo da instrução, que não sabia que Abrini tinha ido à Síria, pensava que ele estava de férias na Turquia. Mas Abrini, em vez de minimizar seu papel, o que teria sido fácil, não parou de reforçar: como Chouaa poderia ignorar o objetivo dessa viagem e sua radicalização, conhecidos por Molenbeek inteiro? Não vou me pronunciar sobre a questão, mas para terem posto Chouaa e os outros dois em liberdade depois de alguns meses de prisão os danos que eles cometeram não devem ter sido mesmo muito grandes. Foram suficientes, no entanto, para que estejam no V13 e para que sua vida tenha se transformado em um pesadelo. Abdellah Chouaa disse ao seu filho mais velho, de dez anos, que só volta para casa aos fins de semana porque encontrou um emprego como segurança em Paris, mas toda hora tem medo de que um colega da escola veja sua foto no jornal, na TV, e o denuncie ao menino na frente de todo mundo: "Ué, como assim, seu pai é um terrorista?". Talvez ele devesse fazer como Ali Oulkadi, que juntou coragem para explicar à filha mais velha, também de dez anos, que umas pessoas aprontaram umas besteiras das grandes e o papai conhecia uma dessas pessoas, e por isso ele está com um problema daqueles.

UM PRATO DE MACARRÃO NO GALPÃO DO JARDIM

Ali Oulkadi é o homem da *last mile*, aquele que, na manhã de 14 de novembro, levou Salah Abdeslam de um lugar para outro de Bruxelas — Abdeslam tinha saído de Paris durante a noite com Hamza Attou (e um espertalhão, Mohamed Amri). Ninguém desconfia de verdade de que eles sejam terroristas, mas é inegável que, por amizade, ajudaram um terrorista a fugir. Hamza Attou e Ali Oulkadi frequentavam o famoso café Les Béguines, que Brahim Abdeslam tocava em Molenbeek. Passavam grande parte do tempo fumando haxixe, além de vendê-lo; e ainda que, como esses dois, Abdellah Chouaa tenha antecedentes criminais modestos, ele se distingue discretamente de seus dois companheiros de infortúnio. Enquanto todos os réus cultivam um estilo tênis-calça de moletom-casaco de capuz, ele usa um terno claro, leve demais para a estação, e debaixo da camisa branca um pulôver de gola alta, também branco: parece um corretor de imóveis ou um atendente de loja de telefonia, não um bandido. Todos os dias os três se encontram às onze e meia da manhã na frente do tribunal, onde entram escoltados por policiais, e são seguidos por olhares curiosos, que os assustam. Ali Oulkadi não compartilha a sorte de Abdellah Chouaa de ter um teto. Ele pula de hotel Formule 1 em hotel Formule 1, ao sabor das promoções, e às vezes não tem opção, Abdellah Chouaa o hospeda no seu galpão no jardim. Eles esquentam um prato de macarrão, Abdellah Chouaa faz sua aplicação de insulina, porque é diabético, depois os dois se deitam e falam da vida com que sonham quando tudo isso acabar: uma casa, um jardim, um trabalho mais fixo, quem sabe ver os filhos crescerem. Baseados, só nos fins de semana.

NINO E MARIUS

Outro dia, Ali Oulkadi e eu aproveitamos uma suspensão da audiência para conversar, sentados num banco de uma galeria do tribunal. Ele me contou como tinham sido difíceis para eles as cinco semanas de depoimentos das partes civis. Quase todo dia alguém — um pai ou uma mãe em luto — se virava para o aquário dos réus e os interpelava, botando todo mundo no mesmo saco, como se eles, Abdellah Chouaa, Hamza Attou e Ali Oulkadi, tivessem metralhado seus filhos com kalashnikovs. Era preciso brigar contra a vontade de se levantar e gritar: "Mas eu não faço parte do grupo deles! Eu não fiz nada!". Nesse momento, uma mulher se aproximou de nós para me dizer que estava lendo minhas crônicas e gostando. Era uma parte civil e queria saber se eu me lembrava de seu depoimento. Infelizmente, não, com certeza tinha caído num dos poucos dias em que não fui. Com a esperança de refrescar minha memória, ela disse: "Vim à tribuna com meus dois netos". Foi quando Ali Oulkadi soltou: "Nino e Marius". Não sei se a mulher o reconheceu, de todo modo sorriu para ele e confirmou: "Sim, Nino e Marius". Enquanto ela se afastava, uma centelha de alegria iluminou o rosto de Ali Oulkadi porque alguém tinha falado com ele de um jeito normal, e ele repetiu "Nino e Marius" com ternura, como se os nomes desses dois meninos cujo pai foi assassinado no Bataclan fossem os nomes dos seus próprios filhos, e como se lhe tivessem dado o direito, de um modo fugaz e talvez por engano, mas já era alguma coisa, de sentir pena deles, como todo mundo.

O que é pior?

SOB CUSTÓDIA

Às 21h57, enquanto pedaços de Samy Amimour, pulverizado por seu cinto de explosivos, choviam como confetes na sala do Bataclan, Azdyne Amimour, o pai dele, assistia no canal TF1 ao jogo França × Alemanha, que seguia como se nada estivesse acontecendo no Stade de France. Para evitar o pânico, a transmissão não foi interrompida por nenhuma notícia. Os telespectadores que assistiam a ela foram os franceses que mais demoraram a saber dos massacres que, no entanto, tinham começado meia hora antes na porta do estádio. Azdyne se recorda de um barulho de explosão no início do segundo tempo, uma hesitação esquisita de Patrice Evra no campo, depois mais nada de especial: foi só no fim do jogo, que os franceses venceram, que ele soube o que tinha acontecido. Ligou para sua esposa para ter certeza de que não tinha acontecido nada com a filha mais nova, que naquela noite tinha saído com amigas. Disse que não desconfiou nem por um segundo que Samy pudesse estar envolvido com os atentados, pelo motivo paradoxal de que ele tinha ido para a Síria fazer a jihad. Se estava na Síria, não estava em Paris. Por isso Azdyne não se preocupou muito até que, na noite do dia 15 para o 16, uma dúzia de homens usando roupas de ninja arrombou a porta e algemou a ele, sua esposa e sua filha antes de levá-los à sede da DGSI. Lá os interrogaram durante quatro dias, e, segundo disse, ele não entendia por quê. Foi apenas no fim da custódia que o procurador da República o informou primeiro que seu filho tinha sido morto no Bataclan, depois que este mesmo havia matado, a sangue-frio e até com certo bom humor, muitas dezenas de pessoas.

Naître coupable, naître victime [Nascer culpado, nascer vítima] é o título de um livro de Peter Sichrovsky publicado em 1991: uma coletânea de entrevistas cruzadas de filhos de pessoas deportadas e filhos de nazistas. É igual o peso que os oprime? Seu sofrimento é igualmente digno de compaixão? Para responder a essas perguntas talvez seja preciso se esforçar, mas trata-se de um esforço exigido pela moral e pela razão: os filhos não são responsáveis pelos crimes dos pais. No sentido contrário, é menos evidente: se é um filho que se torna um assassino, desconfia-se que a família tenha alguma culpa no cartório. É por isso que se exigiram não apenas explicações, mas também justificativas de Azdyne Amimour quando ele compareceu ao julgamento para nos informar sobre a trajetória do filho. Vestido com uma jaqueta verde-militar velha, ele é um homem de 74 anos, cansado, evasivo, mas também "bacana e tranquilo": ele mesmo se define assim, o que não causou uma boa impressão, bem como sua maneira de se sentar na cadeira que lhe ofereceram, como se estivesse num bar. Ele fez todo tipo de trabalho entre a França e a Argélia, cinema, vestuário, varejo, com seus altos e baixos, carrões e falências. Não é pobre nem um muçulmano fundamentalista, de todo modo. Raramente vai à mesquita, não levou os filhos. No Natal, até se fantasiava de Papai Noel. Conta que Samy era uma criança gentil, carinhosa, um pouco triste, depois um adolescente introvertido, ele sentia seu desassossego sem saber como ajudá-lo. Esperava que fosse passar, normalmente passa. Não passou. O que se passou, em vez disso, foi esse processo terrivelmente estereotipado que tantos pais, muçulmanos ou não, relatam com a mesma sensação de impotência e que chamamos de radicalização. Samy começou não apenas a orar, mas a explicar ao pai que, se as coisas não estavam dando certo para ele, era porque ele mesmo não orava e vivia em descrença. Samy passa a usar a túnica que vestem os homens muçulmanos. Samy faz pilhas no seu quarto de livretos intitulados *Sim! Eu me converti ao islã*, *Como aumentar sua fé* ou *Os sinais do fim dos tempos*. Samy fica repetindo que o Onze de Setembro foi um golpe dos judeus. Nada disso agrada ao seu pai — ainda que, quanto ao último ponto, ele também tenha suas dúvidas —, mas ele prefere não contrariar o menino. Prefere pensar que é melhor ficar no quarto assistindo aos pregadores salafistas na internet do que sair para beber ou usar drogas. No outono de 2013, quando Samy viaja para a Síria, Azdyne se esforça para acreditar que ele está indo para lá "fazer trabalho humanitário" — e surpreenderá todo mundo, no julgamento, ao falar da Jabhat al-Nusra, a filial síria da Al-Qaeda à qual seu filho aderiu, como se falasse de uma "organização": fica cada vez mais difícil esconder de si mesmo que tudo isso não cheira bem. Samy diz que aquelas kalashnikovs enfileiradas atrás dele, visíveis nas conversas por Skype, não são dele, são de uns amigos, o que também não é nada tranquilizador, ele deve ter uns amigos bem estranhos — dois anos depois, saberemos que era a gangue de torturadores chefiada por Abaaoud, dentro da qual será recrutado o comando do Treze de Novembro. Em junho de 2014, Azdyne tem um lampejo. Ele decide, corajosa e um pouco insanamente, ir até a Síria para buscar o filho. Há um pequeno mistério em torno dessa viagem, que de todo modo fracassou. Quando voltou, Azdyne falou sobre isso numa entrevista ao *Le Monde*, onde estão presentes todas as cenas incontornáveis de relatos de pais de jihadistas: a espera na fronteira entre Turquia e Síria, as brigas com os coiotes, as mudanças de veículos, a entrevista com o emir da *katiba*... Depois, na sequência dos atentados, ele retomou esse relato e admitiu aos investigadores da DGSI que, ainda que tenha mesmo chegado até a Turquia, não pôs os pés da Síria. Mais tarde ainda, voltou à primeira versão: fui até lá. Ele se aferrou a isso no julgamento, ao custo de uma boa quantidade de incoerências e sob o fogo cruzado de perguntas cada vez mais agressivas, vindas dos advogados dos dois lados. Impecável como sempre, foi a procuradora Camille Hennetier quem lembrou que ele era uma testemunha, não um réu, e acrescentou que mentir para a DGSI tinha sido pueril, mas humano e perdoável: nesse contexto, quem se orgulharia de ter ido à Síria? Concordo com ela e acredito na principal cena do relato de Azdyne: seu encontro infeliz, no meio do deserto pedregoso da Síria, com Samy, desbaratado, glacial, definitivamente já do outro lado. Depois a viagem de volta, a contragosto, para a Turquia e depois para a França. Nunca mais verá o filho. No necrotério, o corpo dele não será mais um corpo. E as últimas imagens do menininho triste para quem ele trazia presentes, fantasiado de Papai Noel, são um vídeo de reivindicação do Estado Islâmico, onde ele é visto se divertindo ao decapitar um prisioneiro.

MAIS DOIS PAIS

Já falei de Georges Salines, cuja filha, Lola, foi morta no Bataclan, e de quem me aproximei ao longo do julgamento. Dois anos depois dos atentados, ele recebeu uma carta de Azdyne Amimour, que dizia: "Gostaria de conversar com o senhor sobre esse trágico acontecimento, pois também me sinto uma vítima, por causa do meu filho". Primeiro o pedido espantou Salines, mas ele aceitou. Isso resultou num livro a duas vozes, *Il nous reste les mots* [Restam-nos as palavras]. Uma conversa entre dois pais em luto. Havia três assassinos, portanto a chance de o filho de um deles ter disparado a bala que matou a filha do outro é de uma em três. Ao ler o diálogo, nós nos perguntamos: o que é pior? Ter um filho assassino ou uma filha assassinada? Tenho a impressão de que é sobretudo Salines quem se faz essa pergunta vertiginosa. Atrás dela, outras se precipitam: será que, se estivesse no lugar do interlocutor, ele faria o mesmo? Será que teria sabido arrancar seu filho do caminho do desastre? Com quais palavras, quais gestos? E eu, se meus filhos ou minha filha… Não sei, ninguém sabe. Sei apenas que no dia 20 de novembro de 2015, à meia-noite, Azdyne Amimour e sua esposa foram liberados da custódia, que pegaram um táxi para voltar para casa, que durante o caminho todo ficaram em silêncio e que nunca mais falaram do filho deles.

No café Les Béguines

DERRUBAR O T

Esse é o objetivo dos advogados cujos clientes são acusados de AMT, sigla para "*association de malfeiteurs terroriste*", ou "associação criminosa terrorista". Derrubar o T significa transformar sua acusação em AM, sigla para "associação criminosa", simplesmente — com uma pena muito menos severa. Antes da suspensão do julgamento por duas semanas, os últimos dias do ano gravitaram bastante em torno do famoso café Les Béguines, que Brahim Abdeslam tocava em Molenbeek. Quem o frequentava? Mais ou menos a gangue toda, fosse na condição de garçom, traficante ou mero visitante regular — muitos eram as três coisas ao mesmo tempo. O que acontecia lá? Eles assistiam a vídeos do Estado Islâmico? Sim. Brahim os passava em looping no seu computador, e baixava a tela quando por acaso um estranho abria a porta. Mas e os outros? Eles também assistiam? Será que havia *sessões de visualização* — segundo os termos utilizados no dossiê belga — destas imagens atrozes: a decapitação do jornalista norte-americano James Foley; o piloto jordaniano sendo queimado vivo dentro de uma jaula;* e o preferido deles, por conhecerem a vedete, Abdelhamid Abaaoud, amigo de infância, seu irmão, ao volante de sua picape rebocando uma penca de cadáveres pela poeira da Síria, se divertindo, com sua cara de duende psicopata, e convidando os

---

* James Foley foi decapitado em agosto de 2014 na Síria, pelo Estado Islâmico, depois de ter sido sequestrado dois anos antes enquanto fazia a cobertura da guerra civil que se seguiu à Primavera Árabe no país. Em dezembro de 2014 o EI capturou o piloto jordaniano Moaz al-Kasasbeh depois da queda de seu avião; ele realizava uma operação da coalizão internacional liderada pelos Estados Unidos e integrada também pela França. Foi executado em janeiro de 2015. (N. T.)

outros a irem se divertir com ele? E será que Mohamed Amri, Hamza Attou, Ali Oulkadi, que traficavam no Les Béguines e às vezes davam uma mão no café, se sentavam em roda em volta do computador para comungar religiosamente nesse espetáculo — como dá a entender a expressão "sessão de visualização", e que é aquilo que a acusação quer estabelecer? Ou eles faziam seu trabalho atrás do bar, passando os olhos com indiferença pela tela, como as pessoas que não gostam muito de futebol ao verem um jogo — como sustentam seus defensores? Eles eram criminosos por contiguidade, como outros são vítimas por ricochete? Outra pergunta, com consequências pesadas para cada um deles: eles desciam ao porão? Era no porão que Brahim se fechava durante longas conversas por Skype com Abaaoud, que, em Raaq, começava a organizar os atentados. Para aqueles que comprovadamente desciam para se juntar a ele, é o fim da linha: não têm a menor chance de derrubar o T.

"NÓS PERGUNTAMOS A ELE"

Depois dos atentados, nossos amigos, os investigadores belgas,* cumpriram um mandado de busca no café Les Béguines com um roteiro bem específico. Em um dos "apartamentos conspiratórios" utilizados por Salah Abdeslam enquanto estava foragido, foi encontrado um garfo com vestígios de DNA de Ali Oulkadi, que o ajudou no trecho final da fuga. À primeira vista, um detalhe que o condena, mas a defesa de Ali Oulkadi observou que esse garfo muito certamente vinha do Les Béguines, onde todo mundo manuseava os talheres. Os investigadores que, sabe-se lá por quê, pertenciam não ao setor antiterrorista, e sim à polícia de crimes financeiros, cumpriram portanto sua missão ao recolher e lacrar 31 garfos — cuja análise não revelou nada conclusivo. Depois voltaram para casa. O relatório deles indica que o cumprimento do mandado de busca nesse café, onde toda a logística dos

* Vale dizer, a esta altura, que os belgas costumam ser motivo de chacota dos franceses, como por vezes os brasileiros contam "piadas de português". (N. T.)

atentados foi organizada durante vários meses, durou no total apenas quinze minutos. PFB 446 906 682, o policial belga que veio contar isso — ou melhor, não veio, uma vez que depôs de Bruxelas, por videoconferência e fora de foco —, passou por dificuldades, sobretudo quando lhe perguntaram por que sua equipe não teve a curiosidade de descer até o porão. "Como assim, tinha um porão?" No dia seguinte foi a vez de seu colega, PFB 440 232 779. Em fevereiro de 2015, sua equipe interrogou Brahim Abdeslam, que possuía um livreto intitulado *A autorização dos pais para fazer a jihad* e era suspeito de projetos terroristas. E depois o soltaram. "Por quê?" "Porque nada no interrogatório nos levou a pensar que ele tinha projetos terroristas", responde o policial. "Mas vocês concluíram isso com base em quê?", pergunta o presidente, surpreso. "Bom, *nós perguntamos a ele*."

"OS CLAIN SÃO UM ELÃ"

Então eles assistiam a vídeos de execução no café Les Béguines. Também ouviam *anachid* — aqueles hinos jihadistas em que a melodia é mais ou menos como um rap e as letras são como as deste exemplo:

> *Il nous faut taper la France,*
> *Il est temps de l'humilier*
> *Il nous faut de la souffrance*
> *Et des morts par milliers.**

Esse *nachid* (Nadia Mondeguer me ensinou que se escreve *anachid* no plural e *nachid* no singular) foi composto, interpretado e divulgado de Raqqa, para comemorar a chacina do *Charlie Hebdo*, pelos irmãos Fabien e Jean-Michel Clain. Figuras históricas do jihadismo francês, responsáveis pela propaganda do Estado Islâmico, eles muito provavelmente foram mortos na derrota do EI, em 2019, mas como

---

* Em tradução livre: "Vamos bater na França/ Tá na hora de humilhar/ Vamos fazer sofrer/ E mortos pra mais de milhar". (N. T.)

não se tem certeza disso eles são parte — ausente — dos réus no julgamento, aqueles que o presidente mencionou ao lamentar que não haviam, "sem motivo justificado", respondido à convocação. Peixes grandes, de todo modo, a ponto de uma jornalista que adoro, mas que me fez jurar que eu não falaria seu nome se contasse isto, dizer com uma expressão esperta quando chegou a vez de falar sobre eles: "Os Clain são um elã". Passamos dois longos dias ouvindo sua história, que começa em 1999. Família católica do departamento do Orne, na região da Normandia: a mãe é catequista, os garotos são desocupados, traficam e fazem rap numa cidade da comuna de Alençon. A irmã, Marie-Diana, que aceitou depor de sua cela na prisão, descreve todos eles como animados por um desejo ardente de espiritualidade. Procuram um sentido para a vida, não encontram isso na Bíblia. O padre de Alençon não tem nada a oferecer. Alguém fala para eles do Alcorão, e acontece um milagre: em quinze dias todos se convertem, a catequista em primeiro lugar. Islã versão hard: as paredes do apartamento se cobrem de fotos de Meca, tecidos pendem do teto para separar os cômodos em dois, uma parte para os homens, outra para as mulheres. Elas usam burca, que ainda não é comum nessa época, e nas ruas de Toulouse, para onde a família se mudou, isso lhes rende o apelido de "gangue dos Belfegor". Como a região de Charleroi na Bélgica, Toulouse é um berço do salafismo europeu. Será lá que, em 2012, Mohamed Merah assassinará três militares franceses e, numa escola judaica, um professor e três crianças. A família Clain é amiga da família Merah e cultua esse herói do islã como se faz amplamente em todas as prisões francesas. Os dois irmãos falam bem, são sinceros, carismáticos — principalmente Fabien: em quinze minutos esse rapaz grandão, caloroso e sorridente te convence de que Alá te ama e é a resposta para todas as perguntas que você se faz, para todas as desgraças de que você reclama. Começa a guerra civil na Síria, à qual todos acorrem, primeiro Jean-Michel, Fabien em seguida, depois todo o clã: a mãe, a irmã, a sobrinha Jennifer — que também depõe da prisão. Depoimento aterrador: toda uma vida dedicada ao islã rigoroso sem ter escolhido isso. Jennifer abandonou a escola aos catorze anos, sua mãe e seus tios a casaram aos quinze com um salafista de

Bayonne, da mesma idade que ela. Ele lhe dará cinco filhos, um depois do outro. "Nós não íamos à Síria para a guerra", ela diz, "nós íamos para construir um país, para criar nossos filhos lá, para viver nossa religião na terra do islã, e não na da descrença. Eu não via o Daesh como uma organização terrorista." Para confirmar essa visão idealista, ela descreve como era Raqqa sob o jugo da bandeira preta: as casas onde mulheres e crianças eram mantidas sequestradas, o mercado de escravos, as execuções em praça pública, exibidas na rua em telas imensas. "As pessoas aprovavam isso?" "Sim. Todo mundo que estava lá aprovava. E, se não aprovava, jamais diria, era perigoso demais." "O que a levou a deixar o Daesh, então? Essa violência? O piloto jordaniano? Os homens de mãos atadas, decapitados à faca, lentamente?" "Não. Para dizer a verdade, com isso eu não tinha nenhum problema. Achava normal." "E o que os seus tios faziam lá?" "Faziam música. Jean-Michel cantava e acho que Fabien era engenheiro de som..."

"CORRA PRA TUA PRESA COMO UM LEÃO RUIDOSO"

Outro *nachid* dos Clain, reivindicando o atentado do Treze de Novembro:

Avance, avance. Avance, avance.
Sans jamais reculer jamais capituler
Avance, avance, guerrier invaincu, l'épée à la main tue-les
Tue les soldats du diable sans hésitation
Fais-les saigner jusque dans leurs habitations
N'aie peur de rien fonce tout droit vers le bonheur
Le champ de la bataille et le champ des honneurs
Plus de polémique ni de philosophie
Soit tu les tues soit ils te tuent, que du profit
Quiconque s'oppose à la charia est perdu
Même lorsqu'il prétend pratiquer la vertu
Alors coupe les têtes de l'ignorance
Coupe les têtes des soldats de l'errance

Dans cette guerre tu as tout à gagner
Un beau jour ta sueur et ton sang vont témoigner
Bats-toi jusqu'à la rencontre du tout-puissant
*En courant vers ta proie tel un lion rugissant.**

---

* Em tradução livre: "Avante, avante. Avante, avante./ Sem nunca recuar nem capitular/ Avante, avante, guerreiro invencível, com a espada na mão para matar/ Mate os soldados do diabo sem hesitar/ Nas suas próprias casas, faça-os sangrar/ Sem nada temer, corra pra sua felicidade/ O campo de batalha e o campo da grandiosidade/ Chega de polêmica, chega de pensamento/ Cê mata eles ou eles te matam, cê tá no proveito/ Quem é contra a *charia* errou na atitude/ Mesmo se fingir praticar a virtude/ Então corte a cabeça da ignorância/ Corte a cabeça dos soldados da errância/ Nessa guerra você só tem a ganhar/ Um dia teu suor e teu sangue vão testemunhar/ Lute e vá ao encontro do todo-poderoso/ Corra pra tua presa como um leão ruidoso". (N. T.)

Debaixo do sol de Rojava

"FÉRIAS NO ESTADO ISLÂMICO?"

À exceção de quando toda a família passa para o outro lado, como aconteceu com os Clain, as histórias de radicalização costumam ser contadas do ponto de vista de pais perplexos, e são muito semelhantes. Portanto, passo rapidamente para o primeiro capítulo da história que me contaram Anne e Pierre Martinez, um casal de sexagenários, ambos educadores, agnósticos, abertos, muito pouco preparados para o momento em que seu filho Antoine, de dezoito anos, começou a tirar os pedaços de chorizo da paella com uma cara de nojo (Pierre é pied-noir* de origem espanhola), então deixou crescer uma longa barba, então passou a vestir a túnica muçulmana, então apresentou aos pais uma garota muito jovem usando véu, Safia, com que ele acabara de se casar no religioso e que ainda não tinha terminado o ensino médio quando deu à luz o primeiro filho deles. Anne e Pierre se perguntam que tipo de laço poderia existir com uma criança criada com valores tão distantes dos seus, mas contra todas as expectativas as coisas não caminham tão mal. Antoine e Safia deixam o pequeno Nadim com eles com frequência; ele os adora, e eles o adoram. Não podem beber vinho na frente do menino, mas tudo bem montar uma árvore de Natal. Descobriram o conceito tranquilizador de "salafismo quietista" e dizem a si mesmos que o filho deles é um salafista quietista, sendo que, obviamente, era melhor que não fosse, mas dos males o menor, e não ficam alarmados quando a pequena família de salafistas quietistas, que recentemente foi ampliada com a chegada de uma segunda criança, vai para a Itália de férias no verão de 2015. Começa então o

* Cidadão francês que viveu na Argélia. (N. T.)

segundo capítulo, muito mais terrível que o primeiro. Primeiro Antoine e Safia não dizem onde estão, então dizem que não estão na Itália, e sim na Síria, sob o jugo da bandeira preta do Estado Islâmico. Então Antoine explica que é muito bom viver sob o jugo da bandeira preta do Estado Islâmico, que eles moram num apartamento agradável em Mossul, na parte iraquiana do califado, e que é claro que existem problemas, existe violência, mas dentro de alguns meses tudo isso vai ter se estabilizado e papai e mamãe poderão ir para lá de férias. "De férias?", diz Pierre, engasgando. "No Estado Islâmico?" Desse verão em diante, os Martinez têm uma vida dupla. Grudados ao telefone, sem conseguir dormir, confiando apenas naqueles que partilham da mesma desgraça, eles entram no mundo cruel dos pais de jihadistas, que contam uns aos outros as etapas da radicalização dos seus filhos, trocam as poucas notícias que recebem e seus contatos com a DGSI. De um telefonema a outro, se esfacelam o entusiasmo de Antoine com o califado e a perspectiva de férias da família em Mossul. Enquanto ele faz uma formação militar, Safia e as crianças o esperam numa *madafa*, uma casa reservada às mulheres — "reservada" significa que elas estão ali sequestradas. Por vezes separados, por vezes juntos, sem que nunca se saiba por quê, eles rapidamente não tentam mais esconder que estão morrendo de medo, muito mais do Daesh que das tropas de Bashar. Todo mundo tem medo em Mossul. Quando o terceiro filho nasce, Antoine diz aos pais, soluçando: "Não queremos mais que nossos filhos vivam aqui, queremos voltar para casa". Ele encontra um coiote, mas antes de chegar à fronteira turca o coiote deixa os cinco na beira da estrada, levando o dinheiro. Antoine é preso. Estamos em 2018, no caos total, a queda do califado, uma época tão perigosa que os Martinez ficam aliviados ao saber que Safia e as crianças estão agora num campo de prisioneiros administrado pelos curdos, na região desértica de Rojava, ao nordeste da Síria.

NO CAMPO

De início eles pensam que um campo de prisioneiros é um local relativamente acessível e organizado, onde a Cruz Vermelha e autoridades consulares podem entrar. As crianças serão repatriadas. Os pais irão para a prisão, mas vamos dar um jeito nisso. Os Martinez enchem o Ministério das Relações Exteriores de solicitações, mas como resposta explicam a eles que a França não possui mais relações diplomáticas com a Síria e nada pode ser feito. Nada. Safia não tem mais telefone, é proibido no campo, mas às vezes ela consegue um emprestado e não é nada tranquilizador saber que Nadim, no seu aniversário de oito anos, apanhou, foi apedrejado e jogado num caminhão de lixo por um bando de crianças esquálidas e selvagens. Ele está aterrorizado, não sai mais da barraca. Safia, que xinga e ameaça as mulheres que permanecem fiéis ao Daesh, não está muito mais confiante. Os Martinez mandam todo o dinheiro que conseguem, é preciso passar por vários intermediários, cada vez menos legalizados, correndo o risco duplo de serem enganados e perseguidos por financiar o terrorismo, mas é a única solução para as crianças terem água mineral e não a água parada, que provoca disenteria num campo em que todo mundo caminha literalmente no meio da merda, e os suplementos alimentares, e fraldas... — porque Safia acaba de parir um quarto filho. Passam o dia todo debaixo de tendas, no nível do chão, saindo o menos possível porque o lado de fora é perigoso: roubos, estupros e agressões. Os aquecedores a querosene podem pegar fogo, eles os acendem à noite porque no inverno faz dez graus negativos, mas mais de quarenta no verão. Em maio de 2019, ao fim de um julgamento que durou meia hora, Antoine foi condenado à morte por um tribunal de Bagdá. As últimas notícias que se tem é que ele está numa prisão onde sessenta ou setenta pessoas se espremem em celas de sessenta metros quadrados. Então os Martinez fazem uma coisa audaciosa: vão para a Síria, agarrando-se a uma ONG austríaca, e ao fim de uma corrida de obstáculos que passa por uma sequência de escritórios, copinhos de chá muito doces e *bakchichs*, eles conseguem o papel carimbado que lhes permite chegar ao campo de Roj, com suas malas cheias de presentes e livros escolares. Lá, deixam os austríacos entrarem, mas não eles, nem mesmo as malas. Os guardas turcos são gentis, têm um ar de quem sente muito mas não, os franceses não podem entrar: são ordens superiores. Eles voltam no dia seguinte e conseguem ver Nadim e dois de seus irmãos através do alambrado, beijá-los através do alambrado. Nunca imaginaram que viveriam uma coisa tão devastadora. Isso dura cinco minutos, então chegam os guardas com suas metralhadoras, levam os meninos, que choram. Antes de ir embora, Pierre dá uma volta em torno do campo a pé, rente ao alambrado: menos de quinze minutos. É dentro desse perímetro que se desenrola a vida inteira dos seus netos. O último, que nasceu no campo, só conhece isso.

UM LIXÃO DE JIHADISTAS

Os Martinez voltam para casa desapontados, perturbados, mas esperançosos, pois na França tudo está sendo preparado, no mais alto escalão do Estado, para o repatriamento de mães e filhos. As mães serão julgadas pelos tribunais franceses, os filhos confiados a famílias de adoção. Então sai uma pesquisa mostrando que a maioria dos franceses está preocupada com esses retornos. O processo é imediatamente congelado. O ministro das Relações Exteriores, Le Drian, vai a Bagdá na esperança de passar o caso para o Iraque, que lhe responde não ser um "lixão de jihadistas". Desde 2019 os repatriamentos são feitos "caso a caso", segundo a expressão oficial, isto é, arbitrariamente, em doses homeopáticas, e separando as crianças de suas mães — o que nenhum outro país faz. Ainda restam duzentas crianças francesas no campo, que não escolheram ter pais jihadistas e crescem na privação, em meio à violência e frequentemente cultuando um pai que consideram um mártir. Eles são terrivelmente infelizes e, é claro, potencialmente perigosos — o que leva parte da opinião pública a pensar que é melhor deixá-los morrer onde estão. Pode-se pensar o contrário: que repatriá-los é não apenas um dever humanitário, mas uma medida de segurança preventiva. É o que pensam não só os avós, mas dezenas de magistrados, políticos, psiquiatras infantis como Serge Hefez, que conheço e estimo, advogados como Marie Dosé, que conheci no V13 porque, ao lado de Judith Lévy, ela cuida da defesa de Ali Oulkadi. Marie Dosé é uma advogada muito engajada, muito investida nessa luta. Foi por meio dela e de seu escritório que conheci os Martinez. Em vão, ela e seus amigos lançam inúmeros apelos, petições, advertências. Os responsáveis a quem recorrem desviam o olhar, dizem que é mais complicado que isso. Claro que é complicado, ninguém disse que não é, mas entre tomar conta dessas crianças, com todas as dificuldades que isso acarreta, e abandoná-las sob o sol mortal de Rojava, sem outro destino além de se tornar bombas humanas, cegas de ódio pelo país que os abandonou, concordo com Anne, Pierre, Marie, Serge e os outros que a primeira opção é melhor que a segunda, e ainda que eu não costume sair assinando petições por aí, essa eu assino.

Taqîya

FICAR EM SILÊNCIO

Nova etapa de interrogatórios dos réus. No início da audiência, o advogado de Osama Krayem pediu para ler uma carta em que seu cliente diz: "Ninguém está aqui para tentar entender, e não acredito que me manifestar sobre aquilo de que sou acusado vá mudar alguma coisa na decisão da Corte. Tomei a decisão de ficar em silêncio até o fim dos debates". Assim, o interrogatório de Osama Krayem consistiu em uma série de perguntas sendo feitas na ordem costumeira, do presidente e de seus assistentes, dos procuradores, dos advogados das partes civis, depois da defesa. Perguntas longas e minuciosas, ao fim das quais nos virávamos na direção do réu, por formalidade e para o caso de, quem sabe, ele ter mudado de ideia. Mas não, ele permanecia impassível e mudo, olhava para o vazio sem pestanejar. Pode-se perguntar qual dessas duas estratégias de ruptura, recusar-se a comparecer ou comparecer e recusar-se a falar, é mais eficaz. A segunda, na minha opinião: existe alguma coisa profundamente desestabilizadora na presença física silenciosa. Você se remexe diante de uma parede. De traços finos, cabelo preto, liso e comprido dividido ao meio, com uma barba abundante sob a máscara, Osama Krayem é um sujeito de trinta anos, nacionalidade sueca, que cresceu em Malmo numa família síria, libanesa ou palestina — não se sabe ao certo, mas dele não se sabe nada ao certo — e, quando saiu de uma adolescência dedicada ao futebol, se tornou um praticante assíduo de sua religião. Por esse motivo ele não aceita a palavra "radicalização": "Na religião" — disse ele, quando ainda falava — "é tudo ou nada. Se o Alcorão diz que alguma coisa é justa, então ela é justa, ainda que o resto da humanidade diga o contrário". Em agosto de 2014, ao chamado de Abu Mohamed

Al-Adnani, que tinha acabado de proclamar o califado, Krayem viaja à Síria para "fazer trabalho humanitário", como atesta sua presença entre os quinze homens barbudos de jaqueta militar que assistem à execução do piloto de calça jordaniano, queimado vivo numa jaula — o vídeo mais atroz dos vídeos atrozes do Daesh. Na primavera de 2015 ele chama a atenção de Oussama Attar, o chefe de operações estrangeiras do califado, com quem aprende "coisas surpreendentes", segundo uma carta que enviou para sua irmã, e tenta "fazer o melhor gesto, que deixe Alá muito satisfeito". "O melhor gesto, que deixe Alá muito satisfeito" é uma operação suicida, idealizada pelos chefões da Copex, organizada em Raqqa por Abdelhamid Abaaoud, e pela qual ele deixa a Síria em meados de 2015. Munido de um passaporte sírio falso, ele entra na Europa pela Grécia na companhia de dois outros soldados formados na Síria, Sofien Ayari e Ahmad Alkhald. Os três se encontram em Viena, onde Salah Abdeslam vai buscá-los no dia 3 de outubro para levá-los à Bélgica — mas estou me antecipando, ainda não chegamos lá. Para dizer a verdade, Krayem está implicado apenas indiretamente nos atentados de Paris. Ele está se guardando para o do metrô de Bruxelas, no dia 22 de março de 2016 — mas, como Salah Abdeslam, ele desistiu no último minuto de ativar a bomba que levava consigo na mochila, e é pouco provável que nos explique por quê.

UM HOMEM DE BEM

Como nem seu irmão nem sua irmã responderam às convocações, a defesa de Osama Krayem encontrou apenas uma testemunha para depor a seu favor: um professor belga aposentado, mediador voluntário na prisão, que durante quatro anos lhe deu aula de francês. Cento e setenta e cinco aulas de uma hora e meia — ou seja, 260 horas de face a face, pelas suas contas —, o que lhe confere certa autoridade para falar do aluno. O que disse esse homem que usa uma parca cinza, sendo ele mesmo um pouco cinzento, mas pacato e minucioso? Que começaram estudando o quadrinho *O ídolo roubado* de Tintim (aquele em que o general Alcazar aparece), então prosseguiram com *O pequeno príncipe*. Que Krayem lhe pareceu ponderado, tranquilo, preocupado em ser considerado um rapaz confiável, honesto, que honra sua palavra. Um aluno dedicado, com o qual se construiu um laço de estima e confiança no decorrer das aulas. "Abstraindo-se das coisas terríveis que ele cometeu, o sr. Krayem é uma pessoa que tem muita humanidade": a frase provocou uma onda de reprovação. Será que a humanidade de alguém que fez parte da brigada mais cruel do Estado Islâmico é a mesma do comandante de Auschwitz que, *além disso*, era um pai carinhoso e um marido atencioso? "Talvez", disse o professor com uma ternura inabalável. "Não minimizo a gravidade das ações dele, estou apenas falando do homem com quem convivi durante quatro anos. Talvez não seja um cara bacana, mas é uma pessoa decente e humana. Se queremos viver numa democracia, é preciso ter gente para defender os réus nos julgamentos." Sim, é preciso. Mas outro advogado leu esta passagem de uma carta de Krayem, enviada a seu irmão: "Os infiéis são nossos inimigos. Odeie-os com todo o seu coração, mas não demonstre isso". Será que os traços de decência e humanidade que destacou esse professor, possuidor de uma retidão pura e de um casaco cinza à prova d'água, não passavam pura e simplesmente de *taqîya*?

BODY SNATCHERS

Nós que acompanhamos o julgamento passamos a empregar essa palavra como se a conhecêssemos desde sempre. Alguns advogados abusam dela. Em vez de falar "mentira", falam *taqîya*, é mais elegante. No entanto, a *taqîya* não é de modo algum a mesma coisa que a prática corriqueira que consiste, para um réu, em mentir ao juiz de instrução. Trata-se, historicamente, da dissimulação que o fiel pratica quando não é livre para viver abertamente sua religião. Foi o que fizeram os xiitas sob o Califado Abássida do século VIII e, na Espanha católica do século XV, os muçulmanos e judeus marranos. Navegando como submarinos numa sociedade que odeiam e desejam destruir, os jihadistas hoje fizeram dessa dissimulação sua segunda natureza. Para dar o troco nos infiéis, é preciso se misturar a eles. Fingir ser muçulmanos gentis, que querem rezar sem incomodar ninguém, respeitando o pacto republicano. A *taqîya* é um motor poderoso de paranoia, que assombra as noites dos juízes e policiais antiterroristas: parecer inofensivo ou sinceramente arrependido não é a prova de que alguém é monstruosamente perigoso? É como no velho filme de ficção científica dos anos 1950 *Invasion of the Body Snatchers* [A invasão dos ladrões de corpos], em que extraterrestres criminosos tomam posse, um a um, dos moradores de um vilarejo pacífico. Não há nada que permita distinguir os verdadeiros terráqueos, se é que ainda há algum, dos que foram substituídos. Atrás do rosto familiar do seu vizinho pode se esconder um monstro insensível. Em sua versão fundamentalista, o islã proíbe bebida alcoólica, fumar, jogos de azar, paquerar as meninas, escutar música. O que um jihadista pronto para agir vai fazer para dar o troco? Beber álcool, fumar, jogar, paquerar as meninas, escutar música — como os camicases do Onze de Setembro; aliás, como Salah Abdeslam.

OS MENINOS DE LEROS

No final de agosto de 2016 passei um tempo na ilhota grega de Leros. Para insatisfação profunda dos seus moradores, ela tinha sido transformada em hotspot, onde os migrantes eram acolhidos e passavam por uma triagem, sobretudo os sírios, que fugiam do regime de Bashar Al-Assad. Como mediador de uma oficina de escrita, conheci um pouco cinco desses migrantes muito jovens e fiz o que pude para coletar as histórias que eles contavam de sua odisseia. Caminhadas exaustivas, fome e sede, coiotes gananciosos e às vezes traidores, a travessia de Esmirna para Leros a bordo de um bote Zodiac inflado pela metade, sobrecarregado, com o risco de afogamento que todos conhecem. Esses meninos me impressionaram pela sua coragem, sua maturidade. Tracei o perfil de um deles no meu livro *Ioga*. Foi impossível não me lembrar disso enquanto era reconstituída, etapa por etapa, a viagem de Osama Krayem e de seus dois colegas, Sofien Ayari e Ahmad Alkhald, para a Europa. Com os nomes de Ahmed, Naîm e Mounir, eles também chegaram num Zodiac em Leros, exatamente um ano antes. Passaram alguns dias ali antes de serem registrados e de seguir viagem até Viena, onde Salah Abdeslam os buscou. Nada os distinguia dos meninos que conheci. Talvez eles fossem igualmente encantadores, seus relatos igualmente convincentes. Também eles vinham da Síria, diziam-se perseguidos por Bashar, sendo que eram teleguiados pelo Daesh para levar fogo e terror ao coração da Europa. Se tivessem participado da minha oficina de escrita, eu teria desconfiado deles? Será que eu teria escrito páginas cheias de confiança e compaixão a respeito de Osama Krayem?

A epidemia de silêncio

BAKKALI SE CALA

Pode ser que mude, com certeza vai mudar, mas neste momento o julgamento está encalhado. Desde as férias de fim de ano, dois réus tiveram covid — resultado: duas semanas de interrupção e o sagrado planejamento à deriva. Mais que isso, espalha-se pelo aquário uma epidemia de silêncio preocupante. Depois de Osama Krayem, é a vez de Mohamed Bakkali. Durante os interrogatórios ditos de personalidade, no outono, Bakkali causou uma forte impressão com sua presença compacta, sua voz grave e bem colocada, a desenvoltura ponderada de sua fala. Tendo passado pela Síria, ele é acusado de ter participado na logística, isto é, no aluguel de esconderijos e transporte dos assassinos nos atentados de Paris e também no do trem Thalys, em agosto de 2015. O do Thalys deu errado mas mesmo assim Bakkali foi julgado e, ainda que tenha alegado constantemente sua inocência, foi condenado a 25 anos de prisão, dos quais está recorrendo.* Como o recurso é suspensivo, até nova ordem ele é o único réu com registro criminal intacto, mas sua inteligência inequívoca será sempre uma circunstância agravante: dá para notar que, se um sujeito desse calibre está por dentro da coisa, não é por ter servido de motorista, como Mohamed Amri e Hamza Attou. Há muita expectativa em torno de Mohamed Bakkali, portanto, mas eis que ele se levanta e, antes da primeira pergunta, explica por que não vai responder: "Já

* O atentado seria um tiroteio em massa, promovido por um único homem, marroquino, que embarcou em Bruxelas no trem de alta velocidade com destino a Paris. Ele foi impedido por quatro passageiros, que nos dias seguintes receberam a Legião de Honra do presidente francês François Hollande. Em dezembro de 2020, ele foi condenado à prisão perpétua. (N. T.)

fui julgado. Joguei o jogo e isso não mudou nada. Me condenaram sem nenhuma prova por algo que não fiz. Sei que não importa o que eu disser, minha palavra não vale nada, então não tenho mais forças para lutar nem para me explicar. É por isso que vou fazer valer meu direito ao silêncio". Silêncio. O presidente acusa o golpe. Como nós, ele sente que o julgamento está se desintegrando. Ele pensa que, depois de Krayem, corre-se o risco de os dominós caírem um depois do outro, e que vai ser cada vez mais difícil dizer que não tem importância, *the show must go on*. Ele tenta dobrar o rebelde. "É seu direito inalienável (sim, com certeza). Mas você sabe que isso pode se virar contra você." "Tudo está contra mim. Não importa o que eu fizer." "Sim, mas você acabou recorrendo. É possível uma absolvição por recurso..." A tentativa é de dar dó, Bakkali nem pesa a mão na ironia: "Num caso desses de terrorismo, grave assim?". Suspiro. Se é preciso passar por isso, vamos em frente, cada um à sua vez desfia seu rosário de perguntas diante de uma parede, perguntas em que ninguém mais acredita. Ao meu lado, uma jornalista diz: "Se começar a ficar só no silêncio, em algum momento o silêncio vai ser preenchido por outra coisa". Talvez.

AYARI FALA

Não se esperava nada de Sofien Ayari. Tínhamos nos resignado com o silêncio, como no caso de Osama Krayem e Mohamed Bakkali. Não é por acaso que esses três são os peixes grandes do aquário, soldados aguerridos do Estado Islâmico. Se não dizem nada, é porque têm muito a dizer. O presidente anuncia o interrogatório de Ayari, então, com o mau humor de quem se prepara para interrogar uma parede. Surpresa: Ayari se levanta e diz que hoje, excepcionalmente, vai falar. Por quê? Porque ele deve isso, diz, "àquela mulher que perdeu a filha numa esplanada e que me lembrou minha mãe. Ela disse que nós poderíamos ser os filhos dela, os anjinhos a quem ela teria dado a mão no caminho para a escola. Ela perguntou: 'O que será que aconteceu para que essas criancinhas se tornassem assim?'. Não posso trazer a filha dela de volta. Não posso deixá-la feliz. Mas posso tentar responder. Devo isso a ela". Então ele falou. Ao longo de seis horas, sendo que tínhamos organizado o cronograma pensando em passar rápido pelas perguntas sem resposta; ele explicou tranquilamente, num francês tão preciso e cheio de nuances quanto o de Bakkali, o que fez com que "se tornasse assim". Ele descreveu uma família amorosa e de vida confortável na Tunísia. Uma boa educação, um futuro promissor. E então, no fim de 2010, o vendedor ambulante de frutas de Túnis que se imolou no fogo, a Primavera Árabe que começou. Esperanças imensas, imensas decepções. A Tunísia se torna um viveiro de jihadistas. A juventude tunisiana que tentava viajar para a Europa via Lampedusa, nos Zodiac inflados pela metade, agora vai à Síria. Para explicar sua adesão ao Estado Islâmico (em 2014, ele tem 21 anos), Ayari fala de uma escolha mais política que religiosa. Ele, que poderia ter levado uma vida tranquila e egoísta, do lado bom da sociedade, diz que há "um sentimento de solidariedade e raiva" que confere ao Daesh "certa legitimidade". Ele luta na Síria, primeiro contra as tropas de Bashar, depois fica mais confuso. Se machuca em Homs, faz quatro cirurgias no maxilar. Em Raqqa, descobre o caos. "Quando você vai lutar, se um soldado cai ao seu lado você sabe que foi uma escolha dele. Mas quando você vê pessoas que nunca pediram nada fugindo em pânico, com a humilhação estampada no rosto, você se sente impotente. Isso despertou em mim emoções difíceis de administrar, então no dia em que eles me disseram 'Vamos precisar de você em outro lugar', eu fui. Ninguém me obrigou." Ayari não vai dizer quem são "eles". Os especialistas no caso pensam em Oussama Attar, o chefe da Copex, a célula de ações estrangeiras do Daesh, e também irmão de Yassine Attar, que está no aquário e jura que não tem nada a ver com isso. Em agosto de 2015, Ayari sai da Síria com Osama Krayem. Os dois passam por Leros, seguem a rota dos Bálcãs, encontram Salah Abdeslam na Áustria, e ele os leva para Bruxelas. Ayari será preso em Molenbeek no mesmo momento que Abdeslam, em 18 de março de 2016, depois de uma troca de tiros com policiais que rendeu a ambos vinte anos de prisão na Bélgica. Pressionado pelo presidente, Ayari concorda em dizer que condena os atentados, desde que possa condenar os dois lados, tanto François Hollande quanto Abu Bakr al-Baghdadi. Seus colegas mataram inocentes na França, é verdade, mas os ocidentais mataram muitos mais no Iraque e na Síria, e com muito mais covardia. Entre lançar bombas de um avião sem correr risco nenhum e unir-se na morte com as pessoas que você matou, onde está a coragem? Ele admite, sem negar, que tomou decisões ruins. "O contexto não ajudava a ser lúcido. As intenções e as ações não combinam sempre. Mas não sou eu quem vai julgar isso." Estou resumindo, foi muito mais longo que isso, mas todo mundo ficou impressionado com essa confissão, que não foi de um fanático desmiolado. Como disse Nadia Mondeguer no fim da audiência: "Achei a exposição excelente, o pensamento, rigoroso. Adorei".

NADIA ESCUTA

Pois Nadia estava lá, como todos os dias. Ela imediatamente entendeu que Ayari falava dela, que falava *com ela*, e muitos, que se lembravam do seu depoimento, também entenderam. Quando ele disse "Aquela mulher se parecia com a minha mãe", pensei que todo mundo poderia dizer isto, "Nadia se parece com a minha mãe". Todo mundo adoraria que Nadia fosse sua mãe, ou a mãe da sua namorada, essa mulher de cabelos grisalhos bagunçados, fumante inveterada, de humor selvagem e desesperado, hoje destruída pelas mortes sucessivas da filha e do marido, mas sempre calorosa, afetuosa, com a porta sempre aberta. Ao longo do tempo, acabamos nos conhecendo. Ao lado de Georges Salines, ela se tornou minha melhor amiga do julgamento, e comecei a visitá-la de vez em quando em sua casa, no Boulevard Voltaire, pertinho do Belle Équipe, onde sua filha Lamia foi morta pelas costas enquanto ela, Nadia, escutava os *nachid* no site do Instituto do Mundo Árabe. Lembrava-me do que ela tinha contado no julgamento, os dias que se seguiram ao atentado, quando eu subia os quatro andares de escada até o pequeno apartamento onde se entra pela cozinha, com a geladeira junto da porta. Na sala que fica na quina do apartamento, com a janela aberta para o boulevard, fui surpreendido pela atmosfera familiar. Nadia é egípcia, a sala dela é oriental, mas poderia ser russa. Banco de canto, estreito, coberto de tecidos e almofadas, desconfortável mas acolhedor, com móveis de segunda mão — que, na família de imigrantes da minha mãe, era chamado de estilo louis-*caisse* [caixote] em vez de louis-quinze —, a mesa coberta por uma toalha perpendicular à parede, e para tomar um chá a gente afasta um computador Vaio vetusto, embaixo do qual Nadia conecta um ventilador para ele não esquentar demais. O chá é um pó de chá egípcio, que se bebe bem doce, acompanhado de um bolo de limão que ela fez naquele dia, e nos sentamos na frente da mesa, um pouco de lado, e apesar da tristeza que nunca está longe estamos bem, ao menos eu estou bem, poderia ficar ali por horas, fico por horas. Ainda sobre Ayari, ela diz: "Não dou a mínima que tenha sido de mim que ele falou, mas foi importante. Sabe que, logo depois do meu depoimento, um dos advogados de Bakkali veio falar comigo e me disse: eles não apenas escutaram, mas pensaram. E quando Abrini falou: não saímos da barriga das nossas mães com kalashnikovs, eu pensei: você está respondendo a mim".

Ela os chama de "aqueles moleques".

Um camarim velho de drywall estragado

A SEMANA DA COVID

Depois de Salah Abdeslam e Ali El Haddad Asufi, é a minha vez de ter covid e passar uma semana longe do tribunal. Férias forçadas, não de todo desagradáveis, que aproveitei, estando na metade do caminho do V13, para rever meu caderno de anotações desde o início. Preciso confessar: para quem gosta de julgamentos — cronistas judiciários profissionais ou amadores como eu —, as pessoas mais fascinantes são os culpados, não as vítimas. As vítimas nós lamentamos, mas é a personalidade dos culpados que tentamos entender. É a vida deles que escrutinamos para detectar o corte, o ponto misterioso onde ela se bifurcou em direção à mentira ou ao crime. No V13, é o contrário. As cinco semanas de depoimentos das partes civis nos perturbaram, devastaram, e quase quatro meses depois o que fica são os rostos deles, desnudados pela tragédia. E os réus, diante disso? Achávamos que seus interrogatórios seriam apaixonantes e na verdade não são, porque eles não têm nada a dizer. Bom, nada a dizer... Falar isso é besteira, significa principalmente que nós não soubemos escutar. Não tentamos entender. Esquecemos o grande princípio de Spinoza: não julgar, não lamentar, não se indignar, apenas entender. (Nosso primeiro-ministro da época, Manuel Valls, defendeu a posição contrária nestes termos virtuosamente indignados: "Entender já é perdoar". Não concordo com Manuel Valls.)

UMA HIPÓTESE

Arrisco uma hipótese. Do lado das vítimas, pessoas como eu e você, estamos no mundo da pós-história. Nossas vidas e nossas mortes são individuais. Trata-se de pessoas que escutamos, que nos emocionaram, com as quais nos identificamos. Chorei por Lamia, chorei por Lola, porque eram Lamia e Lola e porque eram a filha de Nadia, a filha de Georges, com seus estudos, seus namorados, suas preferências, seus amigos, suas festas, tudo aquilo que fazia com que elas fossem elas e não outra pessoa. Só se pode ser tão singular e limitado a si mesmo numa sociedade que perdeu a coletividade e a História. Quanto aos sujeitos que estão no aquário e ora se calam por não reconhecerem nossa Justiça, ora recitam sua ladainha, pouco sólida para nós, temos que fazer força para nos interessarmos por eles como pessoas singulares. Isso não quer dizer que eles não sejam interessantes. Quer dizer que o que é interessante neles, ao menos aquilo que interessa a mim, não é do domínio da individualidade, e sim do da História — "a História com H maiúsculo", como dizia Perec. O que interessa a mim é o longo processo histórico que produziu essa mutação patológica do islã. Vejo-me às voltas, continuo me vendo às voltas com esta frase tão surpreendente, tão profunda, que Salah Abdeslam pronunciou contra qualquer expectativa: "É como se só lessem o último capítulo de um livro: seria preciso ler o livro desde o começo". Muito bem observado, muito bem expressado — ainda que, se você parar para pensar, isso vale para qualquer coisa: aquilo que está acontecendo agora na Ucrânia, por exemplo; com certeza seria bom ler essa história desde o começo. No que diz respeito ao nosso caso aqui, o que seria o começo? O fim do Império Otomano depois da Primeira Guerra Mundial, como sugeriu Al-Adnani ao dizer que a restauração do califado punha fim a noventa anos de humilhação dos muçulmanos pelo Ocidente? (1924-2014: a conta está certa.) O recuo das tropas otomanas em Viena, em 1683? Começo a acumular livros de história, livros tanto sobre o islã espiritual quanto sobre o político: Bernard Lewis, Louis Massignon, Maxime Rodinson, que conheci quando era criança porque foi um dos mestres da minha mãe e se tornou um dos seus amigos mais próximos... Mas isso é para depois. Quando o julgamento tiver acabado. No próximo outono. Enquanto espero, percorro meus cadernos, caderno do Belle Équipe, caderno do Bataclan, há tantas histórias que não tive oportunidade de contar aqui... Esta é uma delas.

Um sinal inconfundível: o barulho das teclas do computador nos bancos da imprensa. Uma nova parte civil se aproxima da tribuna, começa a falar. Os dedos ficam suspensos acima do teclado. Será que este aqui, aquela ali, vão ser *bons*? (Essa lógica de casting é terrível, mas como escapar dela?) No caso de alguns, como Clarisse, sabemos imediatamente: depois de algumas frases, todos os teclados começam a crepitar. Loira, olhos azuis, magra, fala rápida e clara, domínio da narrativa, Clarisse tem trinta anos, tinha 24 na época. Foi ao Bataclan com dois amigos porque adora rock, e o que ela mais gosta de fazer num show de rock é observar as pessoas: o rosto delas, sua maneira de se mover, a energia que exalam. Naquela noite, uma energia boa. Eles estão na pista, do lado direito, seu lugar preferido. São estudantes e não têm grana, a bebida é cara no bar, eles passam discretamente entre si um pequeno cantil de uísque, mas o cantil esvazia rápido, agora precisam mesmo de umas cervejas geladas. Decidem ir comprar no mercadinho da esquina, aproveitando uma música sabidamente longa e nem tão ruim, "Kiss the Devil" — muitas pessoas vão chamar atenção para esse título, alguns chamarão atenção também para o fato de que 13 de novembro era o Dia Mundial da Gentileza. Os três saem da sala. Na altura da chapelaria tem um segurança que é preciso agradar. Clarisse diz que vai tirar dinheiro num caixa eletrônico, não sabemos se o segurança é meio tapado mas ele diz que tudo bem, e de repente sua expressão muda, o olhar sorridente fica vidrado, ao mesmo tempo que se escutam os primeiros disparos. Como o perigo vem de fora, Clarisse e seus amigos voltam para a parte de dentro, com os sujeitos que estão atirando no encalço deles. Conseguem passar pelo saguão de entrada sem serem mortos, mas ela pensa que é isso que vai acontecer, vão atirar nela pelas costas, e ela se pergunta se vai morrer na hora, se vai sofrer, ela se pergunta isso se enfiando na sala, cortando a multidão, empurrando as pessoas e gritando "estão atirando!", mas todo mundo já sabe neste momento que estão atirando, em rajadas, não são fogos que fazem parte do show, aliás ela vê o cantor do grupo, no palco, abandonando a guitarra e desaparecendo nos bastidores. Todo mundo se joga no chão, estão atirando, Estão atirando, começam a escutar gritos de quem foi atingido. Por um momento Clarisse quis acreditar que estavam fazendo reféns, se fizermos o que eles estão pedindo vai ficar tudo bem, mas não, não se trata de fazer reféns, esses sujeitos vieram matar todos nós, sem motivo, sem conversa possível, não vai servir de nada dizer que não concordamos. Ela pensa: que loucura, vou morrer numa salinha de show onde vim assistir a um grupo de rednecks da Califórnia bacana, mas não excelente, meu ingresso custou 30,70 euros, é assim que vou morrer. As pessoas se empurram, se pisoteiam, gritam, eles não param de atirar. Alguém acendeu os refletores da sala, tudo agora acontece debaixo de uma luz branca ofuscante, pior que o escuro. Clarisse consegue fugir pela lateral, ela sobe umas escadas, na confusão completa é seguida por umas cinquenta pessoas. Ela está na frente, subindo com a esperança de encontrar uma saída de emergência. Ouve-se uma enorme explosão, ela acha que é uma granada, na verdade é o terrorista Amimour que se explodiu, regando a pista com confetes de carne humana. No fim do corredor tem um camarim, ela empurra a porta: sem saída. Sem janela, sem saída. Um camarim velho de drywall estragado, não é possível, tenho 24 anos, uma vida inteira pela frente, não vou morrer num camarim velho de drywall estragado. Tem banheiros, banheiros minúsculos, e ali Clarisse se lembra de um James Bond antigo, *007 contra Golden Eye*, em que ele foge pelo teto, então ela sobe em cima de um vaso sanitário e com socos começa a quebrar o teto, que é um teto falso, praticamente de papelão. Ela arranca a lã de vidro, os fios elétricos. À frente da tropa que a seguiu há um homem mais velho, um homem que poderia ser o pai de Clarisse, além disso se parece com o pai dela. Ele a ajuda a subir, ela se vê nesse espaço entre o teto falso e o verdadeiro, o sujeito e muitas outras pessoas sobem atrás. Eles engatinham nessa espécie de trincheira, entre lã de vidro e novelos de fios elétricos, ela se pergunta se em vez de ser morta por uma bala vai ser eletrocutada. Ela rasteja, eles rastejam, chegam a um local de ventilação onde dá para ficar de pé. É um esconderijo, mas talvez seja uma arapuca, há cada vez mais pessoas ali, eles correm o risco de serem descobertos, talvez os assassinos venham matá-los ou a polícia pode lançar gás e então eles vão morrer asfixiados. Clarisse está ao lado desse homem com a idade do pai dela, que se chama Patrick, e ela pede para ele abraçá-la caso eles cheguem. Se for para morrer, ela prefere morrer nos braços de alguém. Patrick promete. Os tiros continuam. Em rajadas, pontualmente. Escutam pessoas gemendo, gritando, morrendo. Telefones tocam. Mas o som está longe, abafado, eles parecem crianças escondidas. No começo do julgamento, o policial da Brigada de Busca e Intervenção (BRI) que fez o levantamento contou que tinha medo de esquecer pessoas que haviam se entocado e morreriam em algum buraco. Clarisse, Patrick e os outros não morreram, mas ficaram muito tempo lá, no seu buraco, quase quatro horas, foram os últimos a serem evacuados. Precisaram passar pela pista, sob a luz branca e ofuscante. O homem da BRI lhe disse para fechar os olhos. Patrick a escorava, ele cobriu os olhos dela com a mão para ela não olhar, mas ela olhou mesmo assim, e nunca vai esquecer o que viu.

A caravana da morte

O ACOMPANHANTE

No dia 12 de novembro de 2015, três carros alugados saem por volta das dezessete horas de Charleroi, na Bélgica, para chegar a Bobigny, na periferia de Paris, por volta das vinte horas. Os dez integrantes do comando se dividem nos carros de acordo com a afinidade entre si e os alvos que vão atacar no dia seguinte. Os do Bataclan estão no Polo, os iraquianos do Stade de France no Seat. No carro que vai à frente, um Clio, há três pessoas: Brahim e Salah Abdeslam e Mohamed Abrini. O plano é que os irmãos Abdeslam, junto com Abdelhamid Abaaoud, que neste momento está dirigindo o Seat, se explodam depois de matar o máximo de pessoas possível nas esplanadas de vários cafés do 11º Arrondissement. E Mohamed Abrini? Não existe nenhum plano para Mohamed Abrini. Se hoje ele está no aquário ao lado de Salah Abdeslam, não é por ter desistido ou fracassado em acionar o cinto com explosivos. E, se estava ao seu lado, à frente do que ele mesmo chamou de "caravana da morte", não é como integrante do comando, mas — como dizer? acompanhante? —, sim, não há outra palavra possível. Vamos relembrar. Mohamed Abrini é amigo de infância dos irmãos Abdeslam. Eles cresceram juntos em Molenbeek, eram inseparáveis. Infrator pouco expressivo, mas com múltiplas recidivas, ele frequenta o café de Brahim, Les Béguines, onde assiste aos vídeos do Daesh, particularmente aquele no qual se vê o triunfo de outro grande amigo seu, Abdelhamid Abaaoud, mas em Abrini não há sequer vestígio de radicalização até que seu irmãozinho, Souleymane, vai à Síria para morrer. A partir desse momento, o Alcorão se torna, segundo expressão sua, o "único amigo" de Mohamed Abrini. Em junho de 2015 também ele vai à Síria, segundo ele para velar o túmulo de

Souleymane, mas também para encontrar Abaaoud em Raqqa, que está ativamente preparando os atentados de novembro. Assim, ainda que seja pela porta de trás, ele se agrega à prestigiosa confraria daqueles que passaram pela Síria. De volta a Molenbeek, passa o outono alugando apartamentos, carros, e acompanha Salah Abdeslam a uma loja de material de fogos de artifício chamada Les Magiciens du Feu [Os mágicos do fogo] — nem mesmo a peça acusatória, pouco afeita ao romanceio, resistiu a esse nome, fazendo dele o título de um capítulo. A soma de tudo isso torna Mohamed Abrini um perfil ideal para se juntar ao comando. Por que não se juntou? Por que, ao que parece, nunca se aventou que ele se juntasse? Porque ele simplesmente não queria? É compreensível: uns têm vocação para mártir, outros não. Mas então ele deveria ter ficado na dele. Deveria ter abraçado seus amigos e os deixado ir embora com alguma frase de efeito, algo do tipo "Nos vemos de novo no céu, irmão". Mas não: ele embarcou com eles na caravana da morte. Faz o caminho com eles. Depois, deixando-os matar e morrer, ele volta para casa. Reaparece em 22 de março de 2016, no aeroporto de Bruxelas-Zaventem, onde uma câmera de segurança o mostra empurrando um carrinho de malas na companhia de dois outros sujeitos que, alguns minutos depois, vão se explodir — porém ele não, mais uma vez. Outras câmeras de segurança mostram-no se afastando com pressa do prédio mergulhado no caos. Ele usa um chapéu, é por isso que durante toda a investigação será chamado de "o homem de chapéu".

"VAMOS PARAR COM A PARANOIA"

De cara amarrada, apático e agressivo ao mesmo tempo, Mohamed Abrini faz parte dos réus que a princípio não têm nada a perder. Julgado na França e em breve na Bélgica, ele vai pegar duas vezes a pena máxima: não tem por que tentar causar boa impressão. Ele faz um uso esquisito dessa paradoxal liberdade de expressão: é veemente quando se trata das ideias gerais, mas esquivo quando estão em questão os fatos — hoje, o tema são os últimos meses antes dos atentados. Uma coletânea das ideias gerais: "Vocês dizem que sou radical, eu digo que a *charia* é a lei divina, ela está acima da lei dos homens. Sobre os atentados, eu entendo que vocês tenham pena das pessoas, mas é uma resposta à violência. Quando alguém vem te matar na Síria, é normal vir matar na França". Os vídeos de execuções? "Não dá para tirá-los de contexto. É como os jovens hoje seguindo as séries da Netflix. Além disso, vamos parar com a paranoia. Tem um monte de vídeos sobre construção de escolas, obras públicas, ajuda à população em situação vulnerável..." O presidente, um pouco desorientado: "Ainda assim, as decapitações...". "Mas que loucura, vocês só pensam nisso! Vocês fazem a mesma coisa aqui. Vocês decapitaram até o rei de vocês!" "E os estupros sistemáticos de mulheres Yazidi, transformadas em escravas sexuais?" "Vocês podem chamar isso de estupro. Eu chamo de programa de natalidade." Duas horas disso, tendo que escutar que é preciso ser mesmo um perverso para enxergar apenas os aspectos negativos do massacre de 131 pessoas. Duas horas das quais guardei esta imagem de muita força onírica: meia dúzia de homens barbudos descendo no subsolo do café Les Béguines para se sentar em torno de um computador e se excitar, ficar com os olhos brilhando, com vídeos que mostram escolas sendo construídas em Raqqa.

(Em tempo: esses vídeos de construções de escolas em Raqqa existem mesmo. Não havia apenas sádicos entre os que aderiram ao Estado Islâmico. Alguns foram construir um país, uma sociedade sóbria e retraída, de acordo com os ensinamentos do Profeta. Levei um susto quando, no livro de Micheron, um deles compara o fascínio de al-Sham para os árabes com o de Israel para os judeus. Mas havia quem, de boa-fé, enxergava isso assim — e se portava também como colono, não mais gentil com os autóctones sírios que os israelenses com os palestinos.)

O CALDEIRÃO

Em *O chiste e sua relação com o inconsciente*, Freud conta a história de um sujeito que acusa outro de ter feito um furo no caldeirão que ele havia lhe emprestado. A resposta do homem que tomou o caldeirão emprestado se dá em três etapas: 1) O caldeirão não estava furado quando lhe devolvi; 2) Ele já estava furado quando você me emprestou; 3) Nunca peguei nenhum caldeirão emprestado. As respostas de Mohamed Abrini obedecem a essa lógica quando, no dia seguinte, lhe são dirigidas perguntas mais específicas sobre sua viagem de volta da Síria no verão de 2015. Ao cruzar a fronteira turca, o itinerário normal é Istambul-Bruxelas, ele inclusive está com a passagem no bolso. Então por que ele passa por Londres? Porque Abaaoud o encarregou de buscar dinheiro que um amigo lhe deve, ele diz. Que amigo, que dinheiro, por que tantos chips diferentes de celular e por que se deter por três dias circulando entre Londres, Birmingham e Manchester — onde ele tira inúmeras fotos do estádio e da estação de trem? Parece a preparação de um atentado, não? "Mais paranoia!", responde Abrini, perdendo a paciência. Agora, por que em vez de voltar direto de Londres para Bruxelas, pousar em Paris? Por que pedir para dois amigos irem buscá-lo de carro? E buscá-lo em Paris, não em Roissy, onde fica o aeroporto? Abrini, irritado, numa escalada digna da história do caldeirão, diz: 1) Eu estava com medo de ser preso; 2) A passagem era mais barata; 3) A gente queria comer um méqui na Champs-Élysées; 4) Eu estava com medo de eles errarem o caminho (O presidente, exaurido: "O caminho até o aeroporto Charles de Gaulle é bem sinalizado"); 5) Não sei de nada, não me lembro, e de todo modo vocês não têm nada a ver com isso.

DENTRO DO CLIO

Para falar a verdade, não estamos muito aí para as viagens em zigue-zague de Mohamed Abrini e suas explicações absurdas — pelo menos eu não estou. O que eu queria mesmo saber, pulando alguns meses, é o que aconteceu dentro do Clio durante a viagem de Charleroi a Bobigny. O que esses três homens conversavam, dois deles decididos a morrer e o terceiro não. Se os dois irmãos tentaram convencer o amigo de infância a ir com eles até o fim, para agradar a Deus e porque ia ser mesmo um estouro. Se estavam sérios ou fazendo zoeira. Se recitavam suras ou tiravam sarro um do outro. Quem dirigia, quem ficava no banco de trás. Diferente de tantas outras, para essas perguntas existem respostas. Dois dos três passageiros, Abrini e Abdeslam, sabem essas respostas. Brahim se explodiu no Comptoir Voltaire, mas os outros dois estão sentados no aquário, um ao lado do outro. Nós os vemos conversando em voz baixa, às vezes não conseguem segurar o riso. Daqui a algumas semanas, quando estivermos na reconstituição dos fatos, eles vão falar?

O fundo do fundo

UM CINZEIRO VAZIO?

Desde o depoimento de François Hollande não víamos um público tão grande. É o segundo interrogatório de Salah Abdeslam, dedicado aos meses anteriores aos atentados — os dias anteriores são o próximo capítulo. Como ele ficou calado durante toda a instrução, já faz tempo que apostamos se falaria ou não. Ele não apenas fala como parece feliz em falar, feliz em ser ouvido, feliz em atrair tanta gente. Sua camisa branca está bem passada, ele está em forma, o interrogatório vai durar mais de sete horas. Educado e prestativo, de modo geral tinha as respostas na ponta da língua, às vezes quase beirando a insolência. O presidente menciona uma carta que ele enviou da prisão para a mãe, em que ele escreve que, ainda que seu irmão Brahim tenha se explodido e ele não, ambos são mártires. Abdeslam o interrompe: "Não é o momento de falar disso, pois estamos tratando das questões de fundo, até do fundo do fundo. Não estou questionando suas capacidades intelectuais, senhor presidente, mas seria melhor não nos adiantarmos tanto". O presidente sorri, mais divertido que ofendido. Não parece que esse fundo do fundo seja realmente profundo. Não se trata de um abismo dostoievskiano, de onde sopra o hálito do inferno. Ao contrário, estamos impressionados com a leviandade, a inconsistência, a inconsequência desse rapaz que participou do massacre de 131 pessoas mas que todos dizem ser gentil, e talvez ele seja mesmo. Seria o caso, então, de dar razão ao seu primeiro advogado, o belga Sven Mary, que disse que ele tem o cérebro de um cinzeiro vazio? Acho que não. Ele me parece mais um moleque frívolo, enredado em suas contradições: muçulmano fundamentalista, mas festeiro; fanático, mas apegado à sua vida fácil; terrorista covarde, afirmando que foi 48 horas antes dos atentados que declarou sua lealdade ao Estado Islâmico, quer dizer, foi depois dos atentados, não, foi antes: estamos meio confusos, e talvez ele também esteja.

A TERCEIRA VERSÃO

Nada do que ele diz importa realmente, mas ainda assim ele parece ter algo que se aproxima de uma linha de defesa. Ela se sustenta em dois pontos. Em primeiro lugar: não matei ninguém, não feri ninguém, não tenho sangue nas mãos. É verdade, assim como é verdade para todos os réus, porque aqueles que mataram morreram. Em segundo lugar: "Entendo que a Justiça queira dar um exemplo. Mas se uma pessoa está no metrô carregando uma mala com cinquenta quilos de explosivos e, no último minuto, quer dar para trás, o que ela vai pensar? Ela vai pensar que de todo jeito ninguém vai perdoá-la, ela vai ser presa e humilhada como eu, e então o que ela vai fazer?". Em outras palavras: se não existe o arrependimento eficaz in extremis, todo mundo vai se explodir. O argumento é chocante e também nada absurdo. Se alguém que não matou pega a mesma pena, digamos que a máxima, que alguém que matou, todo mundo sente que tem alguma coisa errada. Isso basta para que Salah Abdeslam tenha alguma chance de pegar uma pena menor, um pouco menor, que a prisão perpétua, à qual todo mundo o destina? Será que essa chance ínfima explica essa mudança de imagem, da de um soldado irritadiço do Estado Islâmico, pleiteada por ele no começo do julgamento, para a do abilolado imaturo que está hoje no aquário? Entre o orgulho e a prudência, melhor escolher o orgulho, se você sabe que não tem nada a perder. Mas e se não tem certeza? Se existir uma possibilidade mínima? Desde o começo, nos fazemos esta pergunta: se Salah Abdeslam não detonou seu cinto, como era o plano, foi 1) porque o cinto não funcionou?; 2) porque ele teve medo? Na primeira versão, ele pode ser perdoado — segundo os valores jihadistas —, na segunda é desprezível — segundo os valores de todo mundo. Eis então que, sem avisar, desviando o interrogatório, ele solta um terceiro motivo: é que, ao ver as pessoas da sua idade rindo e aproveitando a vida nas esplanadas, pessoas que se parecem com ele, que como ele tinham escolhido sua roupa mais bonita naquele dia, ele sentiu uma empatia profunda e desistiu. Nessa terceira versão, não seria a si mesmo, e sim aos outros que ele teria poupado. É completamente impossível provar, mas, como estratégia de defesa, é uma tentativa.

A ROAD TRIP

Em agosto de 2015, Salah Abdeslam foi para a Grécia com seu amigo Ahmed Dahmani, ou Gegê, que também estaria no aquário por conta dessas terríveis férias se não estivesse preso na Turquia. Porque eram férias, segundo Salah e Gegê, e tem que ser mesmo muito perverso para imaginar qualquer outra coisa. Os srs. Chemla e Rimailho, advogados das partes civis, são perversos. Eles acham que essa viagem era uma preparação do caminho que o comando fará, dois meses depois, entre a Síria e a Bélgica. Para sustentar essa hipótese, retomam hora a hora a localização do celular de Dahmani — porque o de Abdeslam, como que por acaso, tinha ficado em Molenbeek, portanto sem sinal desde o início. 30 de julho, 16h13: aluguel do carro em Bruxelas. 31 de julho, 2h45: saída de Bruxelas. 8h45: controle de imigração perto de Basileia. 15h22: chegada em Florença. 1º de agosto, 19h30: balsa em Bari. 2 de agosto, 13h30: chegada em Pátras. 4 de agosto, 18h: saída de Pátras. 5 de agosto, 9h30: chegada em Bari. 6 de agosto, 1h25: fronteira da Suíça. 8h30: chegada em Bruxelas. A leitura disso provoca um efeito ao mesmo tempo cômico e aflitivo. Qual o sentido desse bate e volta em que não dá tempo de ver nada? Abdeslam: "A gente tinha pouco tempo, pouco dinheiro, fizemos uma road trip, não tem nada a ver com o Estado Islâmico". "Mas o que vocês fizeram? Quando vocês paravam, faziam o quê?" "A gente comeu macarrão, foi nas ilhas." "Que ilhas?" "Não lembro mais o nome." "Ainda assim", diz o presidente, "dois dias para ir, dois para voltar, para ficar lá só dois dias, é um pouco esquisito..." "Um pouco esquisito... O senhor com certeza tem meios para fazer viagens mais luxuosas, senhor presidente, mas nós não." Se conto esse pequeno diálogo é menos pela importância da questão em si e mais porque ele ilustra as mudanças constantes de ponto de vista ao longo de um julgamento. Quando ouço os advogados das partes civis, me parece óbvio que essa viagem não cheira bem: uma road trip, que piada. Chega a vez da defesa. O que Olivia Ronen, advogada de Abdeslam, diz? Primeiro que não foi essa a rota que os terroristas fizeram dois meses depois. Depois, que dois árabes podem muito bem atravessar a Europa no maior pau e sem parar, acendendo um baseado no outro, ouvindo música, só pela diversão, e é um erro concluir que existe algum objetivo criminoso por trás disso só porque ao passar por Florença eles não pararam para visitar a Galleria degli Uffizi, como o presidente e seus assistentes teriam feito no lugar deles. Ao ouvir isso, penso: sim, eles podem muito bem fazer isso. Como, no fim das contas, Abdeslam pode muito bem ter desistido de se explodir no último minuto por altruísmo.

(Mas imediatamente penso: se é verdade, por que não falaram antes?)

A logística do terror

ABDESLAM NO VOLANTE

Depois dos meses anteriores, as semanas anteriores. No dia 24 de agosto de 2015, às 19h, Salah Abdeslam compareceu à agência Rent A Car, localizada no número 178 da rodovia de Haecht em Haren, na periferia de Bruxelas. Lá ele alugou uma BMW 118d, com a placa 1-HXV-990. Estava acompanhado de Mohamed Abrini, cujo número de telefone foi informado como contato, em vez do seu, e que de fato recebeu um telefonema da agência no dia 31 de agosto, data prevista da devolução, depois no dia 5 de setembro, quando a devolução foi de fato realizada. Não se tem mais notícias do veículo até dia 29 de agosto, quando ele é multado na rua Paul-Delvaux, em Bruxelas, às 3h10. No dia 30 de agosto, às 15h40, ele entra na Hungria pelo posto de fronteira de Hegyeshalom. É fotografado às 16h27 perto de Tatabanya. Às 16h50 está em Biatorbagy e às 18h29 chega à cidadezinha de Kiskoros, a 130 quilômetros ao sul de Budapeste. Às 20h40, o veículo passa de novo por Biatorbagy, onde tinha passado quase três horas antes. O caminho de volta acaba em Bruxelas no dia 1º de setembro, no fim da tarde. Ademais, entre 0h58 do dia 30 de agosto e 22h53 do dia 1º de setembro, isto é, entre o começo e o fim dessa viagem, de acordo com a reconstituição dos dados das rodovias e de telefonia, a linha telefônica de Salah Abdeslam está o tempo todo sem sinal, sem fazer nem receber chamadas, em sua casa em Molenbeek. Isso significa que ele deixou o telefone em casa — como fez durante sua road trip na Grécia três semanas antes. Quando lhe perguntam sobre isso, ele diz que é uma coisa comum sempre quando você sai de viagem e quer ter um pouco de paz. No entanto, durante toda a viagem ele usou uma outra linha telefônica belga, fazendo contato frequente com duas linhas húngaras. Os chips húngaros foram comprados no dia 27 de agosto numa loja de telefonia do supermercado de Kiskoros. A vendedora, Dorina Petrovics, identificou os dois sujeitos para quem vendeu esses chips como Bilal Hadfi e Chakib Akrouh. O primeiro se explodiu no Stade de France, o segundo fez parte do comando das esplanadas com Brahim Abdeslam e Abdelhamid Abaaoud e também se explodiu cinco dias depois. Seu périplo pode ser reconstituído da seguinte maneira. Oriundos da Síria, eles foram da Turquia para a Grécia e chegaram à Sérvia no dia 24 de agosto. Depois desse dia, comunicam-se primeiro com um interlocutor não identificado que os orienta da Síria, depois com um coordenador que fica na Bélgica, que com muita certeza é Khalid el-Bakraoui, e então, a partir do dia 29, com o motorista da BMW, ou seja, Salah Abdeslam. Eles chegam a Budapeste no dia 28 de agosto e passam a noite do 28 para o 29 na floresta perto da estação de Kiskoros. "Fale para os rapazes enviarem uma mensagem quando estiverem na frente da estação, para irmos buscá-los rápido. Fale a senha para eles", diz Akrouh a seu interlocutor sírio, que transmite a informação para Khalid el-Bakraoui e diz que o motorista precisa de um dia, um dia e meio, para chegar. Foi por isso que Salah Abdeslam, que tinha alugado o carro já no dia 24 para estar pronto quando lhe dessem sinal verde, pegou a estrada na noite do 29 para o 30 e voltou para casa com os dois passageiros no dia 1º de setembro à noite. Não se sabe quem os recebeu nem em qual esconderijo — em compensação, temos detalhes dessas informações no que diz respeito às viagens seguintes.

LES MAGICIENS DU FEU

Essas informações são cansativas. Citei uma pequena amostra delas para dar uma ideia do tipo de coisa presente nos 542 tomos dos autos do processo e que ouvimos neste momento, numa audiência depois da outra. Em resumo: no fim de agosto, começo de setembro de 2015, doze soldados do Estado Islâmico, oriundos da Síria e fingindo ser refugiados sírios, entraram na Europa pela rota dos Bálcãs. Em cinco viagens, Salah Abdeslam foi buscá-los na Hungria ou na Alemanha e os levou para a Bélgica, onde foram distribuídos em cinco esconderijos alugados por Mohamed Bakkali sob as identidades de Fernando Castillo e Alberto Malonzo — ambos dizendo ser cientistas da computação, usando terno e gravata e com um disfarce ridículo, peruca crespa e óculos imensos, o que não impediu que o proprietário de um dos carros achasse o pseudo-Malonzo "bem elegante". Todos os terroristas receberam documentos de identidade belgas, fornecidos por uma rede chamada Catalogue e por um intermediário chamado Farid Kharkhach, que hoje está no aquário e não cansa de repetir que, sim, ele é um falsário e um pequeno infrator, mas que não sabia absolutamente onde estava se enfiando. Com exceção das armas, que são um ponto cego do caso porque até hoje não se sabe de onde saíram as seis kalashnikovs utilizadas nos atentados, o papel de cada um nos preparativos logísticos parece claro. O de Bakkali, os esconderijos; o de Salah Abdeslam, o transporte. Mas aconteceu de ele extrapolar essas atribuições. Foi assim que, antes de ir para a agência Rent A Car devolver a BMW na qual tinha acabado de transportar Bilal Hadfi e Chakib Akrouh, ele compareceu, no início da tarde do dia 4 de setembro, à loja Les Magiciens du Feu [Os mágicos do fogo], especializada na venda de material de fogos de artifício, no número 21 da Rue de la Mare, em Saint-Ouen-l'Aumône, no departamento de Val-d'Oise. Lá ele comprou uma mala de madeira e alumínio que continha doze módulos receptores e um controle remoto que podia enviar impulso elétrico a quatrocentos metros de distância. Comprar material de disparo sem os fogos pareceu uma coisa bem pouco comum ao vendedor, Valentin Lithare, mas o cliente pagou 390 euros em espécie e, afinal, era um direito dele. Abdeslam entrou sozinho na loja, mas a telefonia permite imaginar que estivesse com Mohamed Abrini, que ficou no carro. No dia 8 de outubro, desta vez com certeza acompanhado de Mohamad Abrini, ele voltou de Viena, onde tinha ido buscar Osama Krayem, Sofien Ayari e Ahmad Alkhald, o especialista em explosivos, e foi, mais uma vez de BMW, até perto de Beauvais, em duas lojas Irrijardin onde são vendidos produtos para tratamento de água de piscina. A gerente da primeira loja, sra. Allard, se lembra que os dois homens queriam apenas galões da marca Bayroshock e que ela não pôde ajudá-los, porque, como acha essa marca muito cara, só vende da Irripool, mais em conta. Eles tiveram mais sorte com o sr. Demaiter, gerente da segunda loja e revendedor exclusivo da Bayroshock. O sr. Demaiter ficou surpreso que os dois homens quisessem comprar a maior quantidade possível de galões, quando metade disso teria sido mais que suficiente para uma piscina, mas ele conseguiu fornecer três galões — isto é, mais do que era necessário para a fabricação do TATP usado nos atentados. Ou Bayroshock ou nada, parece ter exigido Ahmad Alkhald, que não brinca em serviço quando se trata da qualidade do produto.

CHATO DE GALOCHA

Quando lhe perguntaram sobre essas compras, Salah Abdeslam disse que eram apenas para "soltar uns fogos de artifício". Sobre as viagens, alega que foi buscar "irmãos do islã", refugiados políticos que estavam fugindo da guerra como os ucranianos hoje bombardeados pelos russos, ou antigamente os judeus perseguidos pelos alemães. Ele parece não ter entendido que essas referências poderiam desagradar. Recusou-se a dizer o nome da pessoa que lhe dava ordens, muito provavelmente Khalid el-Bakraoui, com a justificativa de que não é um dedo-duro. Para encerrar, reclamou que a Justiça "acabou com a vida dele", provocando aquilo que se chama de incidente de audiência. Nos bancos das partes civis, ouviram-se aplausos irônicos. O presidente não se envolveu — coisa que deveria ter feito, pois, ainda que sejam compreensíveis, reações desse tipo não são permitidas. Os advogados da defesa se levantaram num único movimento e saíram da sala em sinal de protesto. Tudo voltou à ordem no dia seguinte. Ao longo do julgamento, houve dias em que o réu principal causava uma impressão menos pior do que em outros. Parece um defeito meio insignificante diante daquilo de que é acusado, mas durante esta semana ele pareceu ser, além de todo o resto, um chato de galocha insuportável.

Contagem regressiva

O COMPUTADOR DA RUE MAX ROOS

No dia 22 de março de 2016, um caminhão da empresa de coleta de lixo Bruxelles-Propreté faz sua ronda matinal. Numa lixeira da Rue Max Roos, em Schaerbeek, os lixeiros encontram dois computadores, um tablet e um telefone celular. Que sorte, não fosse por um dos computadores estar completamente destruído, metade das teclas arrancadas: perfeito para o lixo. O tablet e o telefone não estão em situação muito melhor, mas quando eles abrem o outro computador, um PC preto da Hewlett-Packard, a tela de proteção acende e mostra sete homens encapuzados posando na frente de uma bandeira do Estado Islâmico. Não sabemos se os lixeiros identificaram imediatamente a bandeira do Estado Islâmico, porque não são eles que depõem na audiência, e sim um dos nossos velhos amigos, os investigadores belgas. Na hora seguinte eles ficam sabendo, como todo mundo de Bruxelas, que dois camicases acabaram de se explodir no aeroporto de Zaventem e um terceiro, na estação de metrô Maelbeek. Trinta e dois mortos, trezentos e quarenta feridos, os atentados mais mortais da história do país. Os lixeiros levam o computador até a polícia, que já descobriu a identidade dos terroristas — todos eles, aliás, envolvidos com os atentados do Treze de Novembro. No metrô: Khalid el-Bakraoui. No aeroporto: Ibrahim el-Bakraoui e Najim Laachraoui, além do acompanhante de sempre, Mohamed Abrini, que, como quatro meses antes em Paris, desaparecerá cuidadosamente debaixo de seu chapéu enquanto seus amigos detonam os cintos de explosivos. Tudo isso é mencionado apenas de maneira vaga no V13, pois será objeto de outro julgamento, que acontecerá no próximo outono na Bélgica, onde mais uma vez estarão Abdeslam, Abrini etc. e cujo território não vale a pena invadir.

Mas o computador encontrado na lixeira nos interessa especialmente. Os terroristas se livraram dele na própria manhã do atentado, ao deixar seu esconderijo da Rue Max Roos. Na véspera apagaram a maioria dos arquivos, portanto não é possível ter acesso ao seu conteúdo, mas os nerds da polícia belga reconstituíram o histórico de pesquisas e eis o que nos mostraram. O computador começou a funcionar no dia 14 de agosto de 2015. No dia 12 de outubro foram criadas uma pasta chamada "Moutafajirat" (que significa "explosivos", em árabe) e outra chamada "Targets", "alvos". Foi claramente nesse momento que o projeto ganhou corpo. Entre os alvos visados estão a Juventude católica/monarquistas/Civitas (Civitas é um movimento católico integralista), Punks, Défense (seria o bairro de escritórios La Défense, de Paris? O Ministério da Defesa?). Se tivessem mantido esses alvos, os atentados teriam provocado outro tipo de comoção. Imagine que as vítimas fossem católicos integralistas, encurralados na saída da igreja Saint-Nicolas-du-Chardonnet,* ou punks com cara de cão vadio no último subsolo do Forum des Halles: nós teríamos lamentado por eles, é claro, mas não teria havido uma identificação com o pessoal de trinta anos bebendo mojito e fumando seu cigarro eletrônico nas esplanadas. Menos de um mês depois, o raciocínio ficou mais burilado: em 7 de novembro foi criada a pasta "13 de novembro". Há cinco subpastas dentro dela: "Grupo Omar" (o comando das esplanadas, chefiado por Abdelhamid Abaaoud, aka Abu Omar); "Grupo iraquiano" (o comando do Stade de France); "Grupo francês" (com um arquivo "Visita virtual do Bataclan", endereçado a diretores de espetáculos) e por fim "Grupo Schiphol" (o aeroporto de Amsterdam) e "Grupo metrô". O raciocínio se aprimorou, mas eles ainda estão hesitantes. Pensam em fazer um atentado no metrô, que não vai acontecer. Um atentado no Schiphol, que também não vai acontecer. 7 de novembro, 13 de novembro: a proximidade das datas é de dar vertigem. Seis dias antes, ainda estava tudo em aberto. De todo modo haveria um

---

* A igreja Saint-Nicolas-du-Chardonnet, localizada no Quinto Arrondissement de Paris, é conhecida por reunir católicos tradicionalistas desde 1977, quando foi ocupada ilegalmente pela Fraternidade Sacerdotal de São Pio x — sociedade fundada em 1970 que não acata decisões da Igreja católica e é portanto rompida com Roma. (N. T.)

atentado, vários atentados, mas os alvos poderiam ter sido outros. Os jovens que compraram ingressos para os Eagles of Death Metal talvez saíssem do Bataclan depois do show e ficassem sabendo que ocorrera um massacre na estação Châtelet-Les Halles. Teriam ficado aterrorizados, teriam ficado preocupados com amigos que podiam estar lá naquela hora, e então teriam voltado para casa. Eu estava sentado ao lado de Georges Salines na audiência. Nossos olhares se cruzaram, eu sabia o que ele estava pensando: outras pessoas teriam morrido, Lola ainda estaria viva.

A VIDA DE UM HOMEM DE BEM

O histórico de pesquisas revela outros enigmas. Filmes aos quais assistiram, e que não são apenas a propaganda sanguinária do Estado Islâmico, mas uma filmagem de *Cyrano de Bergerac*, a adaptação de Robert Hossein de *Os miseráveis* e, principalmente, duas comédias de Sacha Guitry, *Si Versailles m'était conté* [Se me contassem sobre Versalhes] e *La Vie d'un honnête homme* [A vida de um homem de bem]. Não sei como é o gosto cinematográfico dos irmãos Abdeslam ou de Mohamed Abrini, talvez eu esteja enganado por pensar que assistem sobretudo a blockbusters norte-americanos, mas filmes de Sacha Guitry dos anos 1950, em preto e branco, com uma dicção enfaticamente antiquada e um som mastigado, isso está além da compreensão. Assisti a *La Vie d'un honnête homme*, em todo caso. Vai que. Talvez eu encontrasse ali um rumor, um detalhe que me permitiria associar dois universos mentais tão radicalmente diferentes como o de um jihadista belga e o de um artista de teatro espirituoso, cabotino, representante soberanamente livre de um mundo que desapareceu há tanto tempo. Não aconteceu. *La Vie d'un honnête homme* conta a história de um homem da alta burguesia, genialmente interpretado por Michel Simon, e seu irmão boêmio, genialmente interpretado também por Michel Simon. Eles são gêmeos, um deles morre e o outro assume seu lugar: é uma comédia noire, muito engraçada, eu recomendo. A possibilidade de que nossos jihadistas pudessem ter visto isso no porão do café Les Béguines, entre um vídeo e outro de decapitação, foi mencionada como uma esquisitice inofensiva, que nem merecia nossa atenção. Apenas uma advogada de uma parte civil achou, como eu, que era surpreendente o bastante para procurar alguma explicação: talvez os jihadistas tenham dado esses nomes para os arquivos particularmente comprometedores? Boa tentativa, mas apenas substitui um mistério por outro. Já achamos difícil admitir que esses sujeitos, alguns dias antes dos atentados, assistiam a filmes de Sacha Guitry, mas que tenham cogitado usar o título deles como codinome para suas receitas de explosivos ou para suas listas de esconderijos...

LATAS DE SUCO OASIS E UM PACOTE DE BOLINHOS COM CREME DE AMÊNDOAS

A cada dia nos aproximamos mais da sexta-feira 13, está cada vez mais escuro e opressor. 8 de novembro: depósitos de dinheiro, saques de dinheiro, 2500 euros. 9 de novembro: aluguel do Clio, do Polo, do Seat, por Abrini, pelos irmãos Abdeslam e o comparsa Mohamed Amri. 10 de novembro: aluguel dos esconderijos em Bobigny e Alfortville, na periferia de Paris. 11 de novembro: ativação das catorze linhas telefônicas que vão manter em contato direto os "coordenadores" que ficaram na Bélgica — provavelmente os irmãos El-Bakraoui — e aqueles que os investigadores belgas chamam de "os autores" — sim, é assim que se diz, os autores de um crime. 12 de novembro: a caravana da morte pega a estrada. Os iraquianos do Stade de France estão com Abaaoud no Seat, Abdeslam e Abrini no Clio, os três do Bataclan com Hadfi no Polo, que entre 15h36 e 15h41 para no posto Total, em Nivelles. Uma câmera de segurança os filma na loja: três caras jovens de moletom e tênis que compram latas de suco Oasis e um pacote de bolinhos com creme de amêndoas. Eles estão se divertindo. Sabem que na noite seguinte estarão mortos, mas que antes de morrer vão ter matado muita gente. O maior número possível. Quanto será que é o maior número possível? Será que eles fazem esses prognósticos enquanto viajam? Fazem apostas? Se alguém tivesse dito: amanhã você terá matado noventa pessoas, será que eles achariam isso 1) ótimo? 2) mais ou menos? 3) meio decepcionante?

Mohamed Abrini tira a máscara

ERA COMPLICADO NA CABEÇA DELE

Depois das semanas anteriores, os dias anteriores. As horas anteriores. Numa disputa na arte do suspense, Mohamed Abrini e Salah Abdeslam anunciaram que fariam revelações quando chegássemos enfim ao dia 13 de novembro, e eis que, depois de quilômetros de telefonia, de câmeras de segurança, de pontos de encontro em rodovias, de investigadores belgas, nós chegamos. Abrini vestiu uma camisa branca para a ocasião. O presidente, amistoso, o autoriza a tirar a máscara, e então ele diz: "O senhor está certo, senhor presidente: que caiam as máscaras!". Com esse tom teatral que não lhe é de costume, ele prossegue: "Todos nós usamos máscaras, mas às vezes é difícil tirá-las sem arrancar a pele" — uma frase que uma rápida pesquisa coletiva permite atribuir ao romancista André Berthiaume, do Québec; as referências dos jihadistas sempre nos surpreendem. As revelações de Abrini se resumem a esta frase: "Eu estava incluído no plano do dia 13". Em outras palavras: eu não era o mero acompanhante que fingi ser ao longo de toda a instrução, e que veio apenas dar adeus aos seus amigos. Não, eu deveria ter me explodido com eles. E por que não fez isso? É aí que as coisas começam a ficar confusas. Vamos retomar. Em setembro, Abrini se encontra em Charleroi com Abdelhamid Abaaoud, que, tendo retornado clandestinamente da Síria, está empenhado na preparação dos atentados. Sem entrar em detalhes, sem especificar nem onde nem quando isso vai acontecer, Abaaoud lhe diz que conta com ele. Desde a adolescência Abaaoud tem grande influência sobre Abrini, como sobre todos os pequenos infratores do Les Béguines. Abrini não pode afrontá-lo, não pode recusar aquilo que Abaaoud está pedindo. Então "não digo nem que sim, nem que não, eu não digo nada", e nas semanas seguintes age como se nada tivesse sido falado. Ele trabalha na lanchonete Delinice de Molenbeek. Prepara seu casamento — até agora ninguém falou disso, mas esse homem que está mais ou menos achando que vai se explodir também está prestes a se casar. Em seu íntimo, sabe que não vai conseguir matar pessoas aleatoriamente na rua e explodir a si mesmo. Mas, sempre para não decepcionar Abaaoud, não ousa dizer isso ao amigo e participa dos preparativos ao lado de Salah Abdeslam: aluga carros, esconderijos, compra material de fogos de artifício. Tudo isso, observa a acusação, sem tomar qualquer cuidado, de rosto nu, como se não tivesse a menor importância, afinal ele vai morrer de todo jeito. "Porque você sabia disso, que ia morrer?" "Sim", ele diz, "quer dizer, sabia sem saber, não estava claro para mim, era complicado na minha cabeça, eu tinha a esperança de passar em branco." Ainda no dia 10 de novembro, segundo ele, acreditava que iam em grupo a Paris para fazer compras. Foi só no dia 11 que ele entendeu que não, "todo mundo ia para lá se explodir e ia dar ruim". Chegamos então ao dia 12 e à famosa caravana da morte. O que aconteceu no Clio onde estavam Abrini e os dois irmãos Abdeslam? Talvez seja isso, nessa sequência toda, o que mais me intriga. Alguém lhe pergunta: "Como você descreveria o clima no carro? Você diria que o clima estava bom?". "Hum, estava tranquilo. Brahim pôs um CD de *anachid* pra tocar..." "Mas você disse para ele que não estava dentro? Que não ia fazer isso?" Aqui, Abrini se enrola. Ele não se lembra muito bem, é complicado na cabeça dele. Não importa: com certeza houve um momento em que disse para alguém — Abaaoud? Brahim? — que não, ele não ia fazer aquilo. Ou então não, ele não teve coragem de dizer para ninguém até o último minuto. Mas, se é verdade, como conciliar isso com a revelação mais surpreendente que ele fez: que, diferente dele, Salah não estava previsto no plano? Mais uma vez no último minuto, alguém — quem? Abaaoud? Brahim? — teria mandado Salah vestir o colete de explosivos que acabou sobrando com a desistência de Abrini. Nesse momento, todos os olhos estão grudados em Abdeslam: ele sabe se isso é verdade. Vai confirmar amanhã? Suspense. A caravana chega a Bobigny. Será que Abrini falou nessa hora? Se sim, como Brahim reagiu? Será que ele já tinha determinado que seu irmão mais novo seria o substituto, e como o irmão mais novo reagiu? Não sabemos de nada, ainda é tudo complicado na cabeça de Abrini. Parece um sonho. Ele quer recuar, ele vai em frente. E então estão todos no prédio de Bobigny, que ele veio alugar na antevéspera com Brahim. Descarregaram os porta-malas dos carros, encostaram na parede, como se fossem ferramentas de jardinagem, as kalashnikovs e os cintos de explosivos. Abrini acabou falando enfim? Para quem? Ele não se lembra. Também não se lembra a que horas deixa o prédio. Muito tarde, de toda forma ele sai sozinho. Caminha até Noisy-de-Sec, um ou dois quilômetros. Janta numa pizzaria. À meia-noite, chama um táxi para levá-lo até a estação, com a intenção de pegar um trem para Bruxelas. A explicação mais plausível para esse comportamento totalmente errático é que ele não teve coragem de dizer nada para ninguém e inventou alguma desculpa — ir fumar um cigarro lá fora — para fugir, como se todos os diabos do inferno estivessem no seu encalço. É o que a sequência confirma: como era de imaginar, não havia nenhum trem para Bruxelas na estação de Noisy-de-Sec à meia-noite, então, em vez de ir para um Formule 1 mais próximo, Abrini convence o taxista a levá-lo até Bruxelas por 450 euros, e ele chega lá às quatro da madrugada. Paga trezentos euros em dinheiro vivo, pede para ficar perto de um bar onde garante que vai conseguir os 150 que faltam e desaparece da vista do taxista, crédulo demais. Salto. Na tarde da sexta-feira, dia 13, está com sua noiva, assinando o contrato de aluguel de um apartamento; eles registram o número do medidor de energia, pagam a caução, pegam as chaves. Essa visita ao apartamento num estado de dissociação completa é uma cena de Dostoiévski — e não acho que tenha sido menos complicado na cabeça do estudante Raskólnikov depois do assassinato da velha usurária, nem mais coerentes suas respostas ao juiz de instrução Porfírio. Não sabemos onde está Abrini quando chega a notícia dos atentados de Paris, ele mesmo não parece saber muito bem. O que se sabe é que durante quatro meses ele vai viver de esconderijo em esconderijo. "Eu me sentia preso numa engrenagem", ele diz. "Não queria participar das ações que estavam sendo preparadas, também não queria ir embora. Os outros conversavam, eu passava meus dias fumando e jogando PlayStation no meio da neblina." Ele reaparece no dia 22 de março, usando um chapéu e empurrando um carrinho no aeroporto de Bruxelas-Zaventem, na companhia de Najim Laachraoui e Khalid el-Bakraoui, que se explodirão. Mais uma vez ele foge no último minuto.

"NÃO POR COVARDIA..."

No dia seguinte é a vez de Abdeslam. Só ele pode desmentir ou confirmar as revelações de Abrini. Grande expectativa. E uma reviravolta: hoje ele vai fazer uso do seu direito ao silêncio. É assim, não tem nada a explicar. O presidente, alquebrado, insiste. Em vão. Todo mundo insiste. Em vão. Ainda assim, no fim da audiência Claire Josserand-Schmidt, advogada de uma parte civil, apela para seu bom coração com uma ternura tão compassiva que ele concorda em falar de sua noiva, Yasmina, que levou para jantar no dia 10 e a quem fez chorar, e se recrimina por isso, ao anunciar que precisava ir embora, talvez por muito tempo. Depois fala do cinto de explosivos que desistiu de acionar "não por covardia, não por medo, mas porque eu não queria", e que tomou o cuidado de desativar antes de jogar numa lixeira para evitar que mulheres ou crianças se ferissem mexendo nele. Respostas seletivas, todas em seu benefício. Nesse julgamento, a acusação sempre é comedida, e no entanto o procurador-geral Nicolas Le Bris diz o seguinte, numa cólera fria: "Salah Abdeslam tinha prometido dar explicações e ele não faz isso. Pensa que é uma vedete, provoca e fica em silêncio para desfrutar das reações que desperta. Não há um grama de coragem aí dentro, sr. Abdeslam: o senhor é covardia em estado puro". Eu concordo, mas isso não resolve o problema: o que é que ele, que tomou tanto gosto em falar, não quer dizer?

Os tênis cor de laranja de Abdelhamid Abaaoud

O ARBUSTO CONSPIRATÓRIO

Os três do Stade de France se explodiram primeiro. Os três do Bataclan começaram a agir quase no mesmo momento. Os das esplanadas foram mais desorganizados. Supondo que Salah Abdeslam tenha participado, ele desapareceu. Seu irmão Brahim se explodiu no Comptoir Voltaire. A bordo do Seat restaram o chefe do comando, Abdelhamid Abaaoud, e seu vassalo, Chakib Akrouh. O percurso de ida entre o esconderijo de Bobigny e a Place de la République foi reconstituído: um percurso direto, lógico, um percurso de GPS. Na sequência, o massacre: quatro etapas, doze minutos e 39 mortos. Depois disso, um trajeto estranhamente errático. O Seat dá três voltas na Place de la Nation, entra na contramão: não dá para entender nada. Os dois homens por fim abandonam o carro em Montreuil. No porta-malas serão encontrados três kalashnikovs, vários cartuchos de munição, facas de açougueiro cuidadosamente afiadas, com o que poderiam ter continuado a festa por um tempo, mas não, eles deixam tudo isso para trás e pegam o metrô na estação Croix-de-Chavaux. Uma câmera de segurança mostra os dois passando por cima da catraca, como os espertalhões intrépidos que deixamos ir à nossa frente com um sorriso indulgente. Nesse vídeo, destacam-se os tênis cor de laranja chamativos que Abaaoud está usando: eles terão um papel importante mais adiante. Nós os perdemos por um momento. Eles reaparecem em Aubervilliers, num barranco descendo a rodovia A86, que os policiais chamarão, no seu jargão policial, de "o arbusto conspiratório".

"Não faço ideia de como pode ser esse arbusto", me disse Nadia Mondeguer durante a audiência dedicada aos últimos dias de Abaaoud. "Queria ir até lá ver." Estávamos sentados lado a lado nos bancos das partes civis. Yann Revol também está aqui, um rapaz que estava no Petit Cambodge e vem todos os dias ao julgamento. Digo "um rapaz", ainda que ele tenha 46 anos e cabelos grisalhos, porque ele tem um aspecto jovem, é esbelto, tem uma ternura atenciosa. Ele é fotógrafo, achei seu depoimento simples e sério no outono passado, se tornou um dos meus amigos entre os frequentadores habituais do V13. Eu disse: "Vocês querem ir até lá?", e nos encontramos no domingo de tarde, era o dia 10 de abril, primeiro turno das eleições presidenciais. Fui buscar Nadia em sua casa, no Boulevard Voltaire, pegamos um táxi até Porte des Lilas, depois o ônibus 170, porque ela queria se aproximar aos poucos, não ser simplesmente deixada no local. Entre Lilas e a estação Pont du Chemin de Fer, em Aubervilliers, há cerca de quinze paradas e tantos desvios que durante todo o caminho tivemos medo de perder o ponto. Pont du Chemin de Fer é a estação mais próxima do número 2 da Rue des Bergeries, que é o endereço oficial do arbusto. Tínhamos colocado o endereço no GPS, mas isso não impediu que nos perdêssemos. Nossos únicos pontos de referência, retirados dos depoimentos que tínhamos ouvido dois dias antes, eram uma rotatória e depois mais outra, mas nessa região só existem rotatórias, e não importa qual via você pegar ela vai te levar para outras rotatórias. A paisagem é suburbana, arame farpado, poças d'água, muros de pedra cinza pichados, frigoríficos de carne halal. Nenhum carro, nenhum pedestre e nenhuma casa sequer detrás do alambrado. Nadia e eu caminhamos debaixo do sol, pergunto a ela como estava o clima entre os dias 14 e 17 de novembro de 2015. O dia 13 estava estranhamente bonito para a estação, ela responde, por isso tantas pessoas se acomodaram nas esplanadas, mas depois disso o tempo piorou: acampar por três noites seguidas, como fizeram Abaaoud e Akrouh, não deve ter sido um mar de rosas. Quando estávamos começando a ficar desesperados para chegar a qualquer lugar, demos numa nova rotatória, no meio da qual estava Yann, nos esperando. "Era aqui", diz ele, "que ficava o trailer de lanches." Nadia confirma com a cabeça: sim, o trailer de lanches. Um trailer de lanches não me diz nada, assim como não me disse nada aquilo que Nadia falou no ônibus, "Tarral". Ela percebeu minha hesitação e explicou, um pouco irritada: "Você sabe, Rue Georges-Tarral, o esconderijo de Bobigny!". Nadia e Yann, como muitas das partes civis, têm um conhecimento impressionante do dossiê. Eles sabem tudo, parece que conversam em código. Yann chegou pela estação do trem RER La Courneuve-Aubervilliers, onde achamos que os dois caras desceram. Sem hesitar, ele nos leva até uma segunda rotatória, de onde sai a Rue des Bergeries. Foi ali, neste exato ponto dessa região industrial, que Hasna e Sonia vieram buscar Abaaoud e Chakrouh. À nossa esquerda, um terreno baldio cercado por um alambrado. Ao longe, uma loja do supermercado Lidl e um estacionamento de caminhões, todos brancos, todos brilhando sob o sol. À direita, o barranco descendo da estrada A86. Eu tinha imaginado um canteiro central de grama rala, como aqueles onde os migrantes se espremem nas portas de Paris, mas não se trata disso, absolutamente. O barranco é muito vertical, muito verde, muito frondoso. É nessa florestinha que fica o arbusto. O nome correto seria arbusto, matagal, mata? Nadia se senta em um bloco de concreto para fumar um cigarro enquanto Yann e eu escalamos o barranco. É realmente inclinado, enlameado, escorrega mesmo num dia bonito e seco, fico imaginando como deve ter sido numa noite de novembro, debaixo de chuva. Seguramos nos galhos. Na metade da subida, uma espécie de patamar, com sacos de lixo rasgados pelos espinhos, colchões velhos de espuma e a sujeira habitual — latas de cerveja, maços de cigarros, caixas de pizza — indicando um acampamento recente de sem-teto. De lá debaixo, Nadia pergunta: é aqui? Descemos até ela, respondemos: sim. Com certeza é aqui. Ela esmaga o cigarro na caixinha de metal já bem cheia onde guarda cinzas e bitucas e balança a cabeça: não faz sentido. Tem alguma coisa errada. Yann concorda, e eu concordo com eles. Tem alguma coisa misteriosa nisso. O que leva o terrorista mais procurado da Europa a abandonar um arsenal que lhe teria permitido massacrar mais algumas dezenas de infiéis e vir parar aqui, num lugar tão improvável? De tão difícil acesso, tão precário, tão desconfortável? É possível que nada estivesse organizado, nenhum plano A, nenhum plano B, para a fuga dele? Um bufão como Salah Abdeslam encontrou cúmplices para tirá-lo de lá — vamos falar disso na próxima semana — e ele, o chefe do comando, o grande Abu Omar, está encalhado aqui? Limitado à opção de pedir ajuda a uma pessoa tão patética e pouco confiável quanto sua prima Hasna Aït Boulahcen?

HASNA E SONIA

A prima Hasna é uma garota de 26 anos completamente perdida, que dorme em qualquer lugar, mais ou menos radicalizada, mas sua radicalização consiste em usar o niqab enquanto enche a cara de vodca com Redbull, fuma baseado de manhã até a noite, transa com quem aparecer na frente e se exibe nua, numa banheira de espuma, no Facebook. Naquele momento ela está morando em Saint-Denis, na casa de sua amiga Sonia, mãe de três crianças, que trabalha como voluntária na instituição de caridade Restos Du Coeur em Saint-Denis e abriga, no sentido literal e no figurado, todos os gatos perdidos da vizinhança. Na noite dos atentados elas brigaram, Hasna disse que é normal matar *kuffars* se você é um bom muçulmano, Sonia respondeu, sem levá-la tão a sério: para de falar besteira. No domingo Hasna explica a Sonia que ela tem um priminho de dezessete anos que está na rua: será que poderiam ajudá-lo? Claro, diz Sonia, que nunca recusa ajuda a ninguém, e as duas vão de carro para Aubervilliers, orientadas pelo priminho ao telefone, porque o lugar é difícil de achar. A caça ao tesouro acaba na rotatória deserta onde Nadia e eu encontramos Yann, e onde na época havia o famoso trailer de lanches. Depois disso, as duas mulheres percorrem a Rue des Bergeries, como tínhamos acabado de fazer, até a segunda rotatória. Elas descem do carro. Uma movimentação nos arbustos, galhos amassados, é o priminho que desce do barranco e pisa com seus tênis cor de laranja no asfalto. Ele é miúdo, usa um jaquetão e um chapéu de pano na cabeça. Parecia os ciganos que aproveitam o engarrafamento na Porte de la Chapelle para lavar o vidro dos carros à força, esperando ganhar cinquenta centavos em troca, dirá Sonia. Uma coisa é certa, ele não tem mesmo dezessete anos, e sim uns 35. Estende a mão para cumprimentar Sonia, que tem cada vez mais dificuldade de entender o que está acontecendo, e, numa desconfiança repentina, pergunta se ele tem alguma coisa a ver com os atentados. "Sim, irmã", diz o priminho, "não vou mentir porque Alá não gosta de mentiras. Sabe as esplanadas do Décimo Arrondissement? Fui eu." Ele parece satisfeito consigo mesmo, já Hasna está explodindo de orgulho. Depois de um momento de choque, Sonia diz que é horrível ter matado pessoas inocentes, que é o contrário do que diz o islã, e ele fica nervoso, diz que pior que os infiéis são os muçulmanos falsos como ela e que ele vai terminar o trabalho que começou. Logo chegam as férias de fim de ano, ele vai acabar com lojas de departamento, escolas, lugares onde tem judeus... Mais noventa irmãos estão chegando em breve para se juntar a ele, vai ser enorme. Bum! Bum! Bum! Hasna e Sonia vão embora, a primeira tendo prometido que vai encontrar um lugar para o primo ficar, a segunda aturdida e sem saber o que fazer. Quando chega em casa, ela lava com água sanitária a mão que cumprimentou Abaaoud. Sete anos depois ela ainda faz isso, como contará mais tarde. Não consegue dormir à noite. Na manhã de segunda-feira, dia 16, as duas mulheres assistem na TV às imagens do massacre, que passam em looping há três dias, e de repente aparece o rosto do primo, apresentado como o cérebro dos atentados. Acredita-se que ele tenha dado orientações da Síria, só elas sabem que ele não está na Síria coisa nenhuma, que está com seu amigo na Rue des Bergeries, na rodovia A86. Hasna vive o auge do orgulho: o primo passou na TV. Que honra para a família. De modo geral, Hasna considera que tudo que aconteceu nos últimos dias aconteceu na TV, sem uma relação muito clara com a vida real. Sonia tenta trazê-la à razão: os dois caras estão esperando cúmplices, estão preparando um novo atentado, se não fizermos nada mais dezenas de inocentes vão morrer. Não temos escolha, precisamos ligar para a polícia. Hasna olha para ela, aterrorizada, diz que *wallah*, seu primo é um herói, os *kuffars* mereceram isso que aconteceu com eles, e nós não vamos dedurar de jeito nenhum. Então Sonia espera Hasna sair e telefona para o 0800 divulgado depois dos atentados. Passam-na de atendimento em atendimento, na hierarquia fluida dos atendentes, é a chamada número 2476 do dia e ninguém a teria levado a sério se ela não tivesse mencionado os tênis cor de laranja do primo — os tênis que apareceram no vídeo do metrô e que nunca foram citados na imprensa. Todos de prontidão na polícia. Sonia passa o número de Hasna, que então é grampeado.

"AQUILO QUE ACONTECEU RECENTEMENTE"

Todas as chamadas telefônicas de Hasna Aït Boulahcen nos seus dois últimos dias de vida foram gravadas e estão presentes no dossiê. É um documento espantoso, que pode ser lido na íntegra em *Un Temps pour haïr* [Uma época de ódio],[1] de Marc Weitzmann — um dos melhores livros já escritos sobre o jihadismo. Entre Bobigny, onde ela mora, Aubervilliers, onde encontra o primo, e Saint-Denis, onde em breve vai morrer, Hasna vagueia por fast-foods e centros comerciais, fala sozinha, se debate como uma abelha desnorteada dentro de um pote de vidro. Ela não desgruda do telefone, está atrás de: 1) haxixe; 2) dois ternos que Abaaoud pediu para ela comprar, para ele e Akrouh estarem na estica quando forem a La Défense no fim de semana, onde pretendem se explodir; 3) um esconderijo. O haxixe ela compra, mas perde uma barrinha no caminho, o que a faz chorar. Nada indica que ela tenha mesmo procurado os ternos. Quanto ao esconderijo, se sai melhor: o traficante dela a põe em contato com um tal de Jawad Bendaoud, outro traficante que também aluga quartos ilegalmente em Saint-Denis; por 150 euros por mês, ele arruma um apartamento num prédio que fica na Rue du Corbillon, número 8, para abrir a porta é só digitar A1218. Ela faz tudo isso enquanto bebe e fuma sem parar e não entende muito bem o que está rolando — como escreve várias vezes: "seila q issu" —,* mas também ninguém em volta dela entende. Em determinado momento tem uma conversa insana com um assistente social que telefona para ajudá-la em sua busca — totalmente inativa — por moradia e trabalho. O telefonema a incomoda porque, segundo ela: "Não dormi, bebi demais. Vi meu pri-

---

[1] Marc Weitzmann, *Un Temps pour haïr*. Paris: Grasset, 2018.

* No original, "*chai pa ski spas*", para "*je ne sais pas ce qu'il se passe*". (N. T.)

mo, ele passou na TV". "É mesmo? Por causa daquilo que aconteceu recentemente?" "É, isso aí. Ele tá sendo procurado, passou na TV. E eu tô abalada, não tô muito bem, na verdade." A pessoa diz que sim, claro, e começa a falar do motivo do contato: uma oportunidade de trabalho temporário num fast-food, ela precisa retornar a ligação na segunda-feira. Até segunda, então. Uma garota sabidamente instável e radicalizada diz que viu o primo na TV porque ele está sendo procurado "por causa daquilo que aconteceu recentemente", isto é, os atentados mais letais da história da França, e o assistente social não faz nada. Ele desliga. Diferente de Sonia, com certeza. Sonia sabe muito bem que, ao ligar para a polícia e denunciar o primo na TV, pode ter assinado sua sentença de morte.

O CORBILLON

O que não entendo, diz Nadia, não é apenas que os dois caras vieram ficar neste arbusto, mas também que a polícia não fez nada, sendo que sabia exatamente onde eles estavam. Aqui. Neste lugar em que estamos agora, vigiado por câmeras posicionadas em dois pontos da Rue Marcel Carné, que dá na rotatória, perpendicularmente ao arbusto. Seria muito fácil pegá-los. Nenhuma casa, ninguém em volta, um deserto. Com o barulho da estrada, ninguém ia sequer ouvir os tiros. Talvez desse até para prendê-los vivos: o julgamento seria muito diferente se Abaaoud estivesse no aquário. Mas não, eles os vigiam e não fazem nada das 22h de segunda, dia 16, até as 20h da terça, dia 17. Filmam Hasna chegando para buscá-los na noite de terça. Filmam os dois saindo do arbusto. Dá para ver nitidamente os tênis cor de laranja. Os três caminham até o trailer de lanches que estava na primeira rotatória naquele momento e que hoje não está mais. Hasna telefona para um táxi, esperam o táxi, o táxi não chega. Ela pergunta para um sujeito que está comendo um lanche se ele pode levá-los não muito longe, até Saint-Denis. O sujeito, que se revela um motorista de Uber, fala que sim, pode levá-los por vinte euros. Quando chegam ao destino, eles dizem que só têm dez, o cara que se contente com isso — como o motorista de táxi que levou Abrini. Por quê, mais uma vez, por que esperaram? Os policiais vão dizer que tinham medo de que fugissem estando do lado de fora, medo de que houvesse outros. É melhor armar uma emboscada. O fato é que esperaram, deixaram os três se acomodarem tranquilamente na Rue du Corbillon, e foi só às quatro da madrugada que o Raid invadiu. As pessoas que moravam no prédio não se recuperaram disso. Os ninjas arrombaram suas portas, as imobilizaram, torceram seus braços, quebraram seus dentes, no caso de serem elas os terroristas, e não perderam nem um minuto para explicar o que estava acontecendo. Cinco mil balas foram disparadas — todas pela polícia, convencida de que Abaaoud e Akrouh estavam sentados em cima de um arsenal, sendo que além do colete com explosivos eles tinham uma única pistola. A chuva de metralhadora foi tão densa que os setenta homens do Raid pensaram que as balas atiradas por eles mesmos eram tiros inimigos. O assalto durou sete horas. Em determinado momento, ouviram Hasna gritar: "Senhor, posso sair? Por favor, senhor, me deixe sair". Até o fim ela não entendeu nada do que estava acontecendo. Pouco tempo depois Akrouh se explodiu, matando Abaaoud e Hasna junto. De manhã, o prédio lembrava Grósnia, é o que se dizia na época, hoje se diria Mariupol. O acontecimento foi transmitido ao vivo, da manhã até o meio-dia, por dezenas de equipes de televisão francesas e estrangeiras. A molecada da rua organizou uma feirinha, como um mercado de pulgas, para vender os vídeos que fizeram com seus celulares para os jornalistas retardatários. Não dava para ver quase nada, mas mesmo assim eles passaram em looping, em todos os canais, por ao menos dois dias.

LENDAS

Um contraponto cômico que os jornalistas encontraram para essa demonstração de violência e horror é a figura de Jawad Bendaoud, que, feliz por estar na TV, repetia sem parar: "Se me pedem pra prestar um serviço, eu presto o serviço". Esse esquete que viralizou nas redes sociais rendeu ao solícito senhorio o apelido de Century 21. Julgado e solto em primeira instância, ele pegou quatro anos de prisão depois de um recurso.

Os locatários do número 8 da Rue du Corbillon já moravam num prédio insalubre, com reputação de ser um covil de prostitutas e traficantes. Eles foram evacuados desse imóvel destruído, alojados em um ginásio durante vários meses, em camas de campanha, e nunca realmente realocados. Perderam tudo, não lhes devolveram nada. Costuma-se dar menos importância às pessoas das esplanadas que às do Bataclan, menos às do Stade de France que às das esplanadas, mas as pessoas do Corbillon, por não serem vítimas do terrorismo e sim do Raid, foram recusadas em seus pedidos para constituir partes civis. Eram os mais pobres antes, são os mais pobres depois, o lumpemproletariado das vítimas. Alguns tomaram coragem e vieram ao V13. Falando mal francês, soluçando, fungando, tentaram do modo que lhes foi possível mostrar que tinham se ferrado e ainda estavam se ferrando mesmo que não tivessem morrido — do que eram sempre lembrados, quase como uma censura. Uma mulher sérvia compareceu à tribuna com sua filhinha de três anos, que gritava e corria por todos os lados: isso irritou o presidente. Se tivesse sido a filhinha de uma moça loira do Bataclan, todo mundo teria ficado comovido. Justiça de classe, é óbvio, e é melhor nem entrar na questão de dois pesos duas medidas se não quisermos nos fazer a pergunta que um Vergès faria: os nossos 131 mortos são um acontecimento mundial, nós os homenageamos sete anos depois, fazemos um julgamento histórico, filmes, um livro como este aqui, enquanto para 131 sírios ou iraquianos esmagados debaixo de bombas americanas (ou então por Bashar, ou então por Putin) ninguém está nem aí, vira um despacho de agência de notícias.

O corpo de Chakib Akrouh foi encontrado em seis pedaços, e todos receberam tratamento funerário antes de serem enterrados no cemitério muçulmano de Evere.

Alguns dias depois de 18 de novembro, Sonia foi declarada morta. Registrou-se sua certidão de óbito. Ela não existe mais. No entanto, ela veio à audiência. Com sua silhueta na contraluz, voz adulterada, ela contou uma parte disso que você acabou de ler e o que aconteceu com ela depois. "Foi um ato de coragem muito grande, o seu", disse solenemente o procurador da República François Molins, depois de ela e sua família terem sido confiadas a um serviço chamado Siat (sigla em francês para Serviço Interministerial de Assistência Técnica), que, há sete anos, permite que vivam em completa clandestinidade. Todos mudaram de situação civil, domicílio, biografia — como Salman Rushdie, como Roberto Saviano, como na série *Le Bureau des Légendes*. As crianças cresceram nessa zona de sombra, fora do radar, sempre mudando de casa, sempre sentindo medo de lhes pedirem um documento que não possuem, sempre sendo alvo de um olhar intrigado. Se alguém os reconhecesse, poderia ser o começo de uma catástrofe. O dispositivo que os protege foi inspirado pelos programas para os *pentiti*, as pessoas da Camorra ou das Brigadas Vermelhas da Itália que se arrependeram. Essa palavra, "arrependido", é estranha para tratar de uma mulher que salvou dezenas de vidas sem nunca poder fazer o luto de uma vida normal para si e seus filhos. Sonia não se arrepende — do que se arrependeria? Mas, mais que isso, não faria diferente, segundo ela. Não faria nada diferente. Se tivesse que fazer de novo, mesmo sabendo em qual labirinto estaria entrando, ela faria. Se Sonia não é uma heroína, não sei qual seria o significado dessa palavra.

A última versão de Salah Abdeslam

A BOLA

Combinada ou não com seus advogados, sua estratégia de defesa é adiar o máximo possível, até o limite do absurdo, o momento em que entendeu que tudo o que vinha fazendo desde o verão de 2015 era preparar atentados. As cinco viagens à Hungria e à Alemanha para "buscar pessoas"? Tudo feito com o espírito do repatriamento humanitário. O aluguel de carros, de apartamentos? Estava ajudando muçulmanos em perigo — como outros, hoje, ajudam refugiados ucranianos. As compras de material de fogos de artifício? Para fazer fogos de artifício, para o que mais seria? E o jantar com sua noiva, no dia 10 de novembro, durante o qual ela começou a chorar porque ele ia embora e nunca mais a veria? Porque ele estava prestes a ir para al-Sham. Nada confirma esse projeto, nenhum tipo de preparativo, nenhuma passagem para a Turquia: nada. Em resumo, Salah Abdeslam não viu nada, não ouviu nada, não desconfiou de nada, até o momento em que seu irmão Brahim o levou para Charleroi no dia 11 de novembro, onde Abdelhamid Abaaoud o aguardava em seu esconderijo. Fazia quase dois anos que ele não via Abaaoud, não sabia que ele tinha voltado para a Bélgica. E então Abaaoud o avisa, olhos nos olhos, que ele foi escolhido para se explodir em Paris dentro de dois dias. Dois dias! Mohamed Abrini diz ter sido recrutado da mesma maneira, mas em setembro: dois meses antes, o que é mais plausível que dois dias. Experimentemos aqui a hipótese de que isso não é pura e simplesmente mentira. A única explicação possível para esse prazo inacreditavelmente tardio seria que Abdeslam foi recrutado no último momento no lugar de Abrini, e porque este tinha acabado de jogar a toalha. Foi o que o próprio Abrini disse, o problema é que ele não sabe dizer quando exatamente jogou a toalha. Não diz quando exatamente, mas que foi muito em cima da hora. Não foi dois dias antes dos atentados, não foi antes da caravana da morte se pôr em movimento e talvez não tenha sido antes de chegar a Bobigny, e talvez simplesmente nunca tenha acontecido. Abrini e Abdeslam passaram o julgamento todo lado a lado no aquário. Vimos os dois batendo papo e se divertindo, e depois, à medida que nos aproximávamos dos últimos interrogatórios, as conversas entre eles ficaram nitidamente mais tensas e o presidente os separou. Agora ambos apresentam relatos contraditórios como sendo sua última verdade. "Não dá para acreditar em tudo o que Abrini fala", declara Abdeslam com condescendência, "mas às vezes ele diz a verdade." O que parece, nesses últimos tempos, é que eles estão disputando quem é a estrela do julgamento. Voltemos. Na tarde de 11 de novembro, Salah Abdeslam encontra Abaaoud. Ao longo de toda a noite até o dia 12, ele pensa. Entende o que estão lhe pedindo, não vai conseguir fazer isso. Esse fervor ele não tem, matar pessoas não é com ele — é o que Abrini pensa também, ou finge ter pensado. Mas a bola já está rolando. Na tarde seguinte a caravana da morte parte em direção a Paris. É ele quem dirige o Clio. Brahim, no banco de trás, manda mensagens no celular. Nessa versão, não se mencionam *anachid*. Abrini está calado. A acreditar neles, dos três camicases, dois estão decididos a não se explodir — mas nesse momento guardam a decisão para si. Talvez tenham medo de confessar isso para Brahim — isso sem falar em Abaaoud. Nenhum dos dois relatos considera este fato óbvio: quando você vai participar de um atentado do Estado Islâmico, anunciar na véspera que não, não vai rolar, certamente tem consequências. A reação que se espera não é um simples "*Wallah*, tá me zoando, irmão, a gente tava contando com você...". Será que Abrini imagina o que está passando pela cabeça de Abdeslam? Será que Abdeslam imagina o que está passando pela cabeça de Abrini? Chegam a Bobigny. Brahim lhe entrega o cinto com explosivos, mas não falam sobre o que farão no dia seguinte. Comem em silêncio, sabem que em 24 horas todos estarão mortos — menos Abrini, que dá no pé sem avisar, e ninguém sabe o que os outros acharam disso. Ele não nos diz, e Abdeslam, que poderia fazê-lo, também não diz.

E então estamos no dia 13. Aparentemente, Salah Abdeslam ainda não compartilhou suas hesitações. No começo da tarde, Brahim e ele saem de táxi para fazer um reconhecimento do lugar. Sendo mais preciso, é Brahim quem escolhe os futuros alvos para o irmão caçula. A programação: primeiro deixar os três homens-bomba no Stade de France. Depois, se explodir num café do 18º Arrondissement. Esse café é uma novidade, e uma novidade particularmente inverossímil. Todos os outros foram recrutados há meses e agem em trios: dá para acreditar que vão mandar o soldado menos experiente para agir sozinho, aquele que foram buscar dois dias antes no banco de reservas? A única coisa que sabemos desse misterioso café, que surgiu como um coelho de dentro da cartola, era que ficava numa esquina. Não saberemos mais nada do que os dois irmãos conversaram nesse último passeio sozinhos. Quando chegam de volta a Bobigny já está na hora de sair de novo, estão até atrasados. Salah sobe no Clio com os dois iraquianos, que não falam uma palavra de francês, e Bilal Hadfi, que sua em bicas porque não tem mais certeza de que quer morrer aos vinte anos. Infelizmente eles acabaram calculando mal a duração do percurso durante o reconhecimento, ou então o reconhecimento demorou demais; de todo modo eles chegam atrasados, as portas do estádio estão fechadas. Em vez do grande massacre planejado, haverá apenas um morto, além dos três camicases usando suas camisetas do Bayern de Munique. Mas Abdeslam não sabe de nada disso. Ele deixa os três e depois vai embora, sem esperar o barulho das explosões. Dirige até o café da esquina do 18º Arrondissement. Estaciona o carro. Vai até o balcão. Pede uma bebida. É a primeira vez que está sozinho desde que saíram de Charleroi, na véspera. Ele olha ao redor. Gente jovem, muito jovem, se divertindo. Alguns dançam. Ele poderia estar ali no meio, ter colocado uma camisa bonita, como eles, e perfume atrás da orelha. É, com certeza ele não vai conseguir. Não foi feito pra isso. Talvez, no calor do momento, levado pelos outros, conseguisse, mas assim não. Brahim, que vai se explodir ou acabou de se explodir no Comptoir Voltaire, não tirou o tempo de parar e olhar para as pessoas. Uma vez que você parou e olhou para as pessoas, não dá. Abdeslam volta para o Clio, que não está funcionando. Ele o abandona. Entra numa loja de telefonia, compra um telefone barato, no qual coloca um chip novo, que comprou algumas semanas antes com o nome de Pierre Loti — o que é tão curioso quanto os títulos de Sacha Guitry no computador da Rue Max Roos. Telefona para seu amigo Mohamed Amri pedindo ajuda e explica que teve um "acidente feio".

O ACIDENTE FEIO

Em que consiste esse acidente feio? O carro parou de funcionar, uma colisão, uma briga depois de uma batida? Ele não especificou, nem Amri pensou em perguntar. Amri diz que não pode ir ajudá-lo, está trabalhando. Abdeslam insiste, ele está fodido, pra valer. Olha, diz Amri, vou ver o que consigo fazer, vou ligar para Attou. Com o pouco de dinheiro que lhe resta, Abdeslam pega um táxi, atravessa Paris até a periferia sul. No rádio, notícias. Ele não imaginava a extensão dos atentados. O motorista, magrebino, não para de se lamentar: "Vai acabar sobrando pra gente, que é muçulmano". Abdeslam: "Isso me deixou mais angustiado". (De modo geral, ele presta muita atenção à própria angústia.) Em Montrouge, joga numa lixeira o cinto de explosivos, depois de ter feito o que pôde para desativá-lo, arriscando sua vida. Em Châtillon, come um hambúrguer numa lanchonete Quick, depois se esconde num prédio, chamado Cité Vauban — por que Châtillon? Por que Cité Vauban? Encontra outros rapazes ocupando o lugar, fumando nas escadarias. Estão falando dos atentados, vendo imagens das esplanadas e do Bataclan num celular. O motorista de táxi não foi encontrado, mas esses rapazes sim. Lembram que ele era legal, até sorridente, mas estava nervoso. Fala da noiva, diz que a ama e tem medo de perdê-la. De tempos em tempos se afasta até outros andares para telefonar. Sabemos que liga para Amri e Attou. Em determinado momento adormece nos degraus, encostado na parede, a cabeça enfiada na parca. Às 5h30 da manhã, Amri e Attou chegam. Dirão que ele estava estarrecido, num estado alterado, ele também dirá que os dois estavam num estado alterado, porque tinham enfim entendido o que aconteceu na verdade e o que era o acidente feio. Voltam ao norte de Paris pelo anel viário periférico, pegam a estrada para Bruxelas. Abdeslam preferiria que pegassem as autoestradas nacionais, mas elas estão bloqueadas. Também queria que parassem num hotel, mas os dois não querem. Dá para imaginá-los no Golf de Amri: um devaneio, um pesadelo febril. Chegam em Molenbeek. Ali Oulkadi assume o posto de Amri e Attou: vou contar essa parte da história na próxima semana. Abdeslam encontra os outros integrantes do grupo no esconderijo deles, os irmãos El-Bakraoui, Laachraoui e o eterno acompanhante, Abrini, que abre a porta para ele. Um momento difícil: precisa explicar aos irmãos que seu cinto não funcionou. Incredulidade, raiva. A coisa degringola, começam a brigar com ele mas ele sustenta essa versão, que agora diz ser mentira — a verdade era que ele não tinha desistido nem por uma falha técnica nem por covardia, e sim "por humanidade". A partir desse momento, ele diz, "começo a fazer mais perguntas. Tenho onde ficar, estou ali, espero. Queria ir para al-Sham, mas meu rosto está em todos os lugares, é impossível sair na rua". Ele vai de esconderijo em esconderijo até o dia 18 de março, quando é capturado, quatro dias antes dos atentados do metrô e do aeroporto de Bruxelas, dos quais não sabemos se deveria ter participado, mas isso é assunto do julgamento belga que ainda vai acontecer e não nos diz respeito.*

O CONSOLO

Depois de ter nos enrolado nesses últimos dias com o capricho de uma aspirante ao estrelato ("Às vezes eu falo, às vezes eu não falo", depende de como me tratam e se as perguntas me convêm), ele declara então sua verdade, a versão definitiva, a versão que vai ficar para a História, da mesma maneira que dizem que o V13 é o julgamento que vai ficar para a História, e essa versão é cheia de incoerências e detalhes nada

* Salah Abdeslam, Mohamed Abrini e Osama Krayem foram considerados culpados por homicídios em contexto de terrorismo; Sofien Ayari foi absolvido das acusações de homicídio e tentativa de homicídio, mas condenado por participação em atividades de grupo terrorista. (N. T.)

verossímeis. Ela se estendeu por três dias de interrogatório e foi concluída com uma espécie de peroração, num diálogo com sua advogada, Olivia Ronen — excelente, sem dúvida alguma, com a exceção de que não gosto, sem dúvida alguma, de que na audiência ela o chame de Salah. Nessa reta final, e com a ajuda dela, ele conseguiu comover. Se abriu, como se diz. Falou da mãe, engoliu um choro convincente. Pediu desculpas aos três pobres coitados, Amri, Attou e Oulkadi, que ele deixou na merda, e às vítimas — entre as quais ele pensa se encontrar, e na primeira fila, isso está claro. Também diz uma coisa esquisita, ao mesmo tempo sincera, acho, e obscena. "Não sei se as vítimas sentem rancor em relação a mim (*rancor!*), mas gostaria de lhes dizer: não deixem o rancor sufocá-los. Há muita escuridão nessa história, mas também há uma luz brilhando... Talvez seja inconveniente dizer isso na frente das vítimas, mas foi o que senti ao ouvir algumas delas. Elas saíram mais fortes dessa adversidade, elas se tornaram melhores, com qualidades que não se encontram por aí facilmente..." Não vou me opor, também acho isso. Mas não acho que ele parabenizar as vítimas por sua força moral seja um consolo para elas. Neste fim de semana de Páscoa folheei meus cadernos do começo do julgamento e deparei com o seguinte fim de outro depoimento: "Ao sair do hospital, achei que ia aproveitar minha vida duzentos por cento. E na verdade sou a metade do que era antes, no máximo. Para algumas pessoas deve fazer sentido esta frase que sempre dizem, 'O que não mata fortalece', mas para mim não faz. Continuo na luta, mas na verdade peguei prisão perpétua".

Equipe de remoção

UM NÚMERO FÁCIL DE GUARDAR

0032486977742 é um número fácil de guardar? Isso foi discutido durante o último interrogatório de Mohamed Amri. Abdeslam saiu para se explodir sem levar telefone na noite de 13 de novembro: ninguém precisa de um telefone para se explodir. Quando desistiu e começou a procurar um jeito de voltar para casa, entrou numa loja e comprou um aparelho, no qual obviamente não havia sua lista de contatos. Se conseguiu telefonar para Amri, é porque sabia o número de cor. Por que ele sabia o número de cor, sendo que desde o advento do celular ninguém mais sabe quase nenhum número de cor, às vezes nenhum mesmo? Segundo a acusação, porque eram muito próximos — o que não é bom para Amri. Segundo Amri e seus advogados, Negar Haeri e Xavier Nogueras, porque é um número fácil de guardar. Isso é subjetivo. “De todo modo”, diz Amri, “eu preferiria que ele não o soubesse de cor.” Bom, mas ele sabe, e às 22h30, no Samu social de Molenbeek, onde trabalha, Amri recebe o famoso telefonema de Abdeslam, que diz estar na França, que teve “um acidente feio” e precisa de ajuda. Ele chora ao telefone, como chorou três dias antes, ao contar à noiva que ia embora. Não diz exatamente o que é esse “acidente feio” nem onde está — está na França, apenas isso —, e quando, um pouco mais tarde naquela noite, Amri fica sabendo que atentados terríveis aconteceram em Paris, ele não associa uma coisa à outra. A acusação não acredita nisso e acha que ele foi até lá com conhecimento de causa salvar um soldado do Estado Islâmico. A defesa o pinta como um bom rapaz, ingênuo, que não abandona um amigo em apuros. Todo mundo sabe que amigo de verdade é aquele para quem você pode ligar às quatro da manhã porque fez besteira e ele sai correndo pra te ajudar a esconder o corpo, levando ainda por cima um saco no porta-malas. Amri é esse tipo de amigo. Ele não pode ir imediatamente, mas se lembra de Hamza Attou, um traficante magrelo que opera no café Les Béguines. Attou não tem carro nem habilitação, a habilitação é um detalhe, mas de um carro ele precisa mesmo. Abdeslam telefona a cada cinco minutos, insiste, chora. Amri e Attou decidem enfim ir buscá-lo juntos. Eles podiam ser uma dupla de desenho animado: o fortão gente boa, lento, sem malícia nenhuma e o baixinho agitado e esperto, só que, na realidade, por fumar dez baseados por dia desde a infância, Attou é ainda menos esperto que Amri. Saem por volta de uma da manhã no Golf de Amri, vão ouvindo música, muito chapados como sempre. Viagem normal, até que legal, eles não sabem que caminham em direção ao inferno. O caixa do posto onde param para encher o tanque conta a Attou que deu ruim lá em Paris, mas Attou não se interessa pelas notícias, é um cara que não tem smartphone, só dois celulares ruinzinhos desses de traficante, vinte, trinta euros — cujas fotos os advogados vão projetar na audiência para mostrar a que ponto estavam mal equipados e desinformados. Em resumo, quando falam dos atentados ele não se liga, e Amri também não. Em nenhum momento da viagem falam disso, e além do mais os dois juram que nem sabiam que estavam indo para Paris. Abdeslam passou um endereço: Allée Vauban, número 1, Châtillon, eles colocaram no GPS sem saber que Châtillon é na periferia de Paris. Podia ser o departamento de Cantal, no sul, tanto faz.

CATATÔNICO

Cinco e meia da manhã: eles encontram Abdeslam num conjunto habitacional no meio de lugar nenhum. Ele está muito mal, suando, respirando pesado, e solta na hora que mentiu, que o acidente feio era isto: esses atentados imensos. Era para seu irmão Brahim ter se explodido, ele não sabe se se explodiu, ele mesmo devia ter se explodido, ele era o décimo do comando, ele tinha que voltar, voltar o mais rápido possível para Bruxelas. Por mais lesados que os dois fossem, também eles caem na real e entram num estado alterado, febre e pânico, que ambos descrevem de maneira convincente. A acusação e os advogados das partes civis os bombardeiam com perguntas racionais, negligenciando o fato óbvio de que eles não agiam de modo racional. Sim, se tivessem sido cidadãos responsáveis teriam dito ao amigo: você desce imediatamente desse carro, a gente ajuda um amigo que fez besteira mas não protege terrorista. Ou teriam fugido na hora que ele fosse ao banheiro no posto de gasolina. Ou teriam ligado para a polícia. Se soubessem da diferença penal entre ocultamento de criminoso (não muito grave) e ocultamento de criminoso ligado a uma organização terrorista (pode chegar à pena de vinte anos), eles teriam pensado duas vezes. Infelizmente eles não tinham condições de pensar duas vezes nisso. Amri repete o tempo todo que estava "catatônico", e parece que foram os advogados que sopraram esse adjetivo para ele, forçado, sem ênfase, mas acho que descreve exatamente o seu estado. A viagem de ida tinha sido nebulosa mas bacana, a de volta foi um pesadelo febril. No banco de trás, Abdeslam cochila, cabeça coberta pelo capuz. Em determinado momento, Amri teria lhe dito "Isso que você fez não foi nada legal", e ele teria respondido "Cala a boca, você não sabe nada da religião".

"UM POUCO EXAGERADO"

Uma cena muito curta, porém, traz nuances à descrição dessa viagem como um pesadelo febril realizado em estado alterado por três homens catatônicos. Na estrada, nas primeiras horas do dia 14, sábado, eles cruzaram pelo menos três bloqueios policiais. No primeiro, verificaram rapidamente seus documentos de identidade — naquele momento, Abdeslam ainda não está sendo procurado como inimigo público número 1. No segundo, o policial percebe que o carro cheira a um bloco de haxixe sobre quatro rodas, mas nesta noite estão com outra coisa na cabeça, desta vez passa. Amri lembra que isso fez Salah rir e até se revigorar, de certa forma. Estava feliz da vida de ter tapeado os tiras. Vem daí o clima relaxado da terceira fiscalização. No pedágio, uma jornalista da rádio belga entrevistava os motoristas sobre as consequências para a vida deles de todos esses bloqueios, toda essa zona, e abriu o microfone para eles. Parece absurdo, mas existe mesmo uma entrevista de Abdeslam, Amri e Attou, no carro, por volta de sete horas da manhã, no dia 14 de novembro. Nós a ouvimos na audiência, dura no máximo vinte segundos, e a verdade é que eles não parecem absolutamente estar num estado alterado, nem catatônicos; em vez disso, estão levemente animados, três caras chapados e tagarelas: "A gente achou um pouco exagerado", "É, nossa, exagerado mesmo", "Mas a gente entende o motivo, pelo que aconteceu é normal". Podem seguir.

MOHAMED AMRI COME OVO FRITO

Quando chegam a Bruxelas, a única obsessão de Amri é voltar para casa e enfiar a cabeça debaixo do travesseiro, dizer a si mesmo que nada disso aconteceu e foi só um pesadelo. Abdeslam precisa de outra roupa, um corte de cabelo, um último motorista para levá-lo ao esconderijo de Schaerbeek, onde espera encontrar os outros, sem saber, e por um bom motivo, como será recebido. Attou telefona para pedir reforços nessa última etapa a seu amigo Ali Oulkadi, que vai ao encontro deles sem imaginar nada de mais, supondo que seja por causa de droga — a base da relação deles e, de modo geral, de todas as suas interações. Amri está com tanta pressa para dar o fora que Oulkadi mal chega ele se enfia no metrô, deixando a chave do seu amado Golf com Attou. O presidente perguntará se ele pensava ter encerrado sua missão, e a pergunta o deixou confuso: que missão? A "remoção", palavra que ele não conhecia. Quando chega em casa, por volta do meio-dia, sua esposa não pergunta de onde ele está vindo nem o que andou fazendo à noite. Ele diz que foi ajudar um amigo, amigo é coisa sagrada, ela não pergunta mais nada. Frita um ovo para ele. Ele come em silêncio. Tenta dormir, não consegue. Sabe que vai ter problemas, problemas sérios, e sente quase um alívio quando a polícia vem prendê-lo às 15h30. Sua esposa, Kim Timmermans, é enfermeira obstetra. Quando ela depôs no julgamento, gostamos da sua insolência, sua saúde robusta e sua fidelidade. Ela é admirável: Mohamed Amri já é um sujeito limitado, pode-se dizer que é um loser, e está preso há seis anos por estar implicado num caso imenso de terrorismo. Outras mulheres o teriam abandonado, mas Kim Timmermans não o abandonou, não refez sua vida com ninguém, ela o visita há seis anos e estará lá quando ele sair, se sair. Os advogados de Amri apresentam essa mulher flamenga loira, de olhos azuis e pele rosada, não apenas como a sorte grande que o marido tirou na vida, mas como a prova viva, caso seja necessário, de que ele não tinha se radicalizado. Sem negar suas robustas qualidades morais, a acusação observa, no entanto, que em sua página do Facebook Kim se define como "serva de Alá". Essas coisas são complicadas.

O HOMEM DA *LAST MILE*

Ali Oulkadi conhecia pouco Salah Abdeslam, era mais amigo e vassalo de Brahim. A última lembrança que tem dele é de 11 de novembro: um jogo de baralho no Les Béguines. Houve um leve desentendimento, nada de mais, mas Brahim ficou nervoso e, pensando em retrospecto, isso marcou Oulkadi, vê-lo perdendo a cabeça por uma besteira dessas, sendo que dois dias depois... Não tinham mais nada para fumar, ligaram para Attou, que não atendia, então Oulkadi decidiu ir para casa. Falou tchau, até amanhã, e foi a última vez que viu Brahim. Como se encontravam mais ou menos todos os dias, ele ficou surpreso de não ter mais notícias e no sábado, dia 14, entre 12h03 e 12h18, enquanto o Golf de Amri chegava a Bruxelas, tentou telefonar sete vezes. Disse não ter relacionado o silêncio com os atentados. As primeiras imagens que viu foram na TV, sem som, de manhã, e ele achou que fosse um assalto, alguma coisa assim. Quando comentam que seria um pouco esquisito passar na TV belga uma reportagem atrás da outra sobre um simples assalto em Paris, ele concorda. Mas, enfim, foi isso que pensou. De todo modo, Attou telefona para ele por volta de treze horas e ele vai até um café encontrá-lo, na companhia de Amri, que foge rápido, e de Salah Abdeslam, que, muito nervoso, repete que está fodido porque tudo está no nome dele, os carros, os apartamentos, e que "caiu numa armadilha". "Se eu soubesse que ele tinha participado dos atentados, não teria reagido da mesma forma. Em nenhum momento pensei que estivesse ajudando um terrorista. Terrorista, para mim, é o Bin Laden. Eu não o via como um terrorista, mas como um cara do bairro, sempre gentil, sempre sorridente, então obviamente pensei que ele estava fodido. Como ele dizia: que tinha caído numa armadilha." Attou também dá no pé e Abdeslam pergunta para Oulkadi se ele pode levá-lo até um esconderijo em Anderlecht. Depois pede para mudar o caminho e ir para Schaerbeek. Ele dá as coordenadas. Quando chegam ao destino, ele esfrega um lencinho de papel na porta e no porta-luvas antes de descer.

Fumam um cigarro juntos na calçada e depois se despedem. Oulkadi, sem saber muito bem o que a ocasião exige, diz "Então até logo mais", e Abdeslam responde que nunca mais vão se ver — o que não é verdade, faz quase oito meses que eles se veem todos os dias. Como sua relação com o fugitivo é muito mais distante que a dos outros dois, Ali Oulkadi só será preso uma semana depois. Ele tem uma lembrança difusa dessa semana — dava para perceber que você não estava bem, diziam as pessoas que conviviam com ele — e sentia um arrependimento permanente de não ter ido se entregar à polícia, como pensou o tempo todo em fazer, adiando a hora de fazer de fato. Por vários dias depois do dia 13, e quando os nomes dos terroristas mortos já eram oficialmente conhecidos, ele continuou a mandar mensagens de texto angustiadas para Brahim, perguntando: "Tá tudo bem? Onde você tá?".

A MASCOTE

No fim do seu último interrogatório, Ali Oulkadi se dirige a Abdeslam: "Eu te odeio, Salah", ele diz, "eu te odeio muito. Minha vida acabou, as pessoas que eu amo estão destruídas, meu pai perdeu metade do peso, sou obrigado a dizer para a minha filha que encontrei um trabalho na França sem ter coragem de falar o que estou fazendo aqui, e tudo isso por sua causa, sua e do seu irmão. Eu não pedi nada, não tenho nada a ver com isso tudo, mas em momento algum me comparo com as vítimas, o que estou dizendo é que não mereço o que aconteceu comigo. E agradeço a todos aqueles que falam comigo aqui, todos aqueles para quem eu não sou apenas um réu do Treze de Novembro, mas Ali". A sinceridade evidente de Oulkadi emociona todo mundo. Depois da audiência, nas escadas do Palácio, muitos de nós o rodeamos, dizendo que ele tinha ido bem, que estávamos confiantes e felizes por ele. Muitas das partes civis vieram vê-lo, falar com ele, dizem que alguns o levaram para visitar o Bataclan. Ele se tornou uma espécie de mascote do julgamento, e tenho certeza de que, se for condenado a voltar para a prisão, o veredito será recebido com consternação. No dia seguinte, na vez de Abdeslam, ele pede perdão aos três, e se os pedidos de desculpas dirigidos às vítimas me pareceram artificiais, nesses aqui, dirigidos aos amigos de Molenbeek cujas vidas ele fodeu, eu acreditei.

A CORTE

Falemos de dinheiro

O NERVO DA GUERRA

As vítimas foram ouvidas, os réus foram interrogados, os fatos foram reconstituídos. O V13 entra em sua última fase. Alegações finais das partes civis, sustentação da acusação, alegações finais da defesa, veredito. Esperávamos encerrar no meio de junho, mas o réu Kharkhach teve covid, então atrasamos mais uma semana. Como o réu Kharkhach estava lá por ter falsificado documentos, a piada que corre é que ele apresentou um teste falso. Esse atraso preocupa a todos que tinham previsto ir embora em julho. A única vantagem é que me deixa com uma crônica sobrando, espaço para tratar de um assunto tabu: dinheiro.

O VALOR DAS LÁGRIMAS

As partes civis vêm ao julgamento para que seu sofrimento seja ouvido e para assim obterem um conforto moral, não uma reparação financeira. Da reparação financeira fala-se em outro momento, em um tribunal diferente em que ninguém está interessado, com exceção de Mathieu Delahousse, meu colega de V13 no *L'Obs*. Por dois anos, em quintas-feiras alternadas, ele foi até a salinha branca no sexto andar do tribunal de Paris onde se discute a indenização das vítimas do terrorismo. Nunca cruzou com nenhum outro jornalista e contou essa história em um livro muito vibrante, muito humano,[1] que já no título

[1] Mathieu Delahousse, *Le Prix de nos larmes* [O valor das nossas lágrimas]. Paris: Éditions de l'Observatoire, 2022.

coloca uma pergunta vertiginosa: como se define o valor das lágrimas? Por causa de uma gangue de fanáticos dos quais seu país não soube te proteger, você perdeu — fica a seu critério, mas infelizmente é cumulativo — uma perna, sua esposa, seu filho, seu melhor amigo, sua mobilidade, seu equilíbrio psíquico, sua capacidade de trabalhar, sua renda, seu sono, sua confiança na vida... Não há reparação para nada disso, no entanto seu país deve repará-lo. Ele se compromete. Para isso foi criado em 1986 o Fundo de Garantia para Vítimas de Terrorismo. Você com certeza não sabia disso, mas se vive na França você paga, todos pagamos, um imposto para esse caixa, que é alimentado por uma taxa aplicada a todos os contratos de seguro assinados no país: 5,90 euros por ano. Isso resulta em bastante dinheiro a ser distribuído em função de uma tabela chamada Nomenclatura Dintilhac — "a Lei Carrez da dor",* segundo a explicação de Mathieu. No caso de danos físicos severos, essa tabela se aplica sem contestação. No caso de traumas psicológicos, mais difíceis de quantificar, a tarifa-base é de 30 mil euros, mas podemos ir mais longe: é 30 mil se você tem pesadelos, mas se esses pesadelos são incapacitantes, se te impedem de dormir, fazem você perder seu trabalho, você pode pedir mais — e consegue, na maior parte das vezes. O tribunal trabalha nessa zona cinzenta na qual os advogados das vítimas e os do Fundo se enfrentam arduamente. Os advogados especializados na reparação de danos corporais levam entre 8% e 12% da indenização que conseguirem obter, e são notadamente menos exuberantes, observa Mathieu, que seus colegas do tribunal do júri. Diante deles, o advogado do Fundo, que no livro todo é por acaso uma advogada, é o vilão. Ela sempre acha que estão pedindo demais, que o dano foi exagerado ou não foi bem estabelecido. Não seria preciso pressioná-la muito para que ela dissesse, como Jean-Marie Le Pen, que é muito mais grave perder a irmã que a prima, e mais grave perder a prima que a vizinha. Estou brincando, mas é verdade. Uma das questões impostas recorrentemente no Fundo é: pode-se ir além do laço de parentesco ou aliança?

---

* A Lei Carrez, de dezembro de 1996, estabelece que é obrigatório informar a área de um imóvel que está sendo oferecido para venda ou aluguel para o cálculo de seu valor. (N. T.)

Indenizar os amigos enlutados? Reembolsar as sessões de psicólogo e fisioterapeuta — mas não as de talassoterapia? Pagar os 800 mil euros que um sobrevivente pede porque, sem ter perdido seu emprego que paga muito bem, ele recusou outro que pagava melhor devido a um estresse pós-traumático? Calcular o "dano de morte iminente" pelo qual uma pessoa morta no Bataclan passou é se perguntar se ela sofreu antes de morrer e, por esse motivo, haveria lugar para recompensar seu cônjuge… Profundamente empático, *Le Prix de nos larmes* [O valor das nossas lágrimas] navega entre tristeza, raiva, absurdo, sentimento de injustiça… Ao escrever essas palavras, "sentimento de injustiça", em vez de apenas "injustiça", estou pisando em ovos. Penso nas inúmeras pessoas feridas, enlutadas, de quem me aproximo no julgamento e que reclamam, quase todas, da mesquinhez do Fundo e de sua falta de humanidade. Eu os entendo, sei que elas têm razão subjetivamente, mas ainda assim é preciso lembrar que nenhum outro país do mundo, além da França, possui um dispositivo tão protetor quanto esse, nem um orçamento tão importante — observação que também vale para a assistência jurídica, de que falarei agora.

O VALOR DAS PALAVRAS

A assistência jurídica é o dispositivo que permite a cada pessoa ter um advogado, coberto pelo Estado, caso ela não tenha meios para pagar por um. Isso se aplica nos casos de terrorismo independentemente de qual for o custo. Todo mundo tem direito a isso, tanto os réus quanto as partes civis. Se no V13 há catorze réus e, neste momento em que escrevo, cerca de 2400 partes civis, o total é de muitos advogados, todos pagos de acordo com a mesma tarifa: 272 euros, sem taxas, por dia e por caso. Mas existe uma diferença enorme entre os advogados das partes civis e os advogados da defesa. Os advogados das partes civis podem ter quantos clientes quiserem. Alguns têm apenas um, outros têm três, outros cinquenta; alguns escritórios têm mais de cem. A maioria, tenho certeza, dá muita atenção individual aos seus clientes, mas o conhecimento que possuem do caso e a quantidade de trabalho que isso representa são mais ou menos os mesmos se tiverem um ou cem clientes. Do outro lado do tribunal, a situação é radicalmente diferente: os advogados da defesa podem ter apenas um cliente e, dada a enormidade do caso, a dificuldade de dominá-lo, cada acusado acaba tendo dois ou três. Ao contrário dos advogados das partes civis, eles são obrigados a estar presentes o tempo todo, seu escritório completamente dedicado ao julgamento. Bem, tomaram-se muitas medidas para tentar corrigir um pouco esse desequilíbrio. Para os advogados das partes civis, há uma tabela decrescente: quanto mais clientes ele tiver, menos ganha por cliente. E chegou-se a um acordo, depois de discussões acaloradas, para que cerca de 10% do que os advogados das partes civis ganharem seja repassado aos da defesa, para que não trabalhem no prejuízo. Ainda assim. Não existem números oficiais sobre essa matéria inflamável, apenas uma ordem de grandeza, mas podemos dizer que, ao longo do processo, um advogado de defesa receberá cerca de 50 mil euros e alguns advogados das partes civis, mais de 1,5 milhão de euros. Atenção: não estou depreciando os advogados das partes civis, alguns são mesmo formidáveis, e sim elogiando os advogados da defesa. Eles ganham dez vezes menos do que ganhariam se estivessem do outro lado e sua tarefa é dez vezes mais árdua. A maioria deles é jovem, em começo de carreira. Dizem que vão ganhar publicidade, é verdade, mas também pode-se dizer que eles fazem isso pela beleza do gesto, pelo amor à Justiça que é o prazer em defender o que é mais difícil de defender. Defender as vítimas é nobre, é necessário, mas a causa está ganha de antemão. Defender supostos terroristas, aí é outra coisa. Tem que gostar de brigar. Além disso, sempre tem alguém que vai identificá-lo com os seus clientes, diga-me com quem andas que te direi quem és. Acho bonito que, no V13, é raro ver esse preconceito. A maioria das vítimas com quem falo tem uma opinião boa sobre os advogados dos réus. Acham importante que eles sejam bons. Me lembro de Nadia, que concluiu seu depoimento virando-se para eles. "Agora, que a defesa faça seu trabalho. E que o faça bem. Digo isso com sinceridade." Advogado de defesa, isso não é meio um pleonasmo?

You can't kill rock'n'roll

"VAI SER COMPLICADO"

Há um mês, se tornou um ritual. Nas suspensões da audiência, na máquina de café, cada vez que falamos com um advogado das partes civis é para perguntar, como se pergunta a alguém com uma doença grave: "Tudo bem? Você vai conseguir?". Ele ou ela dá de ombros e responde: "Vamos ter que conseguir, não temos escolha". Suspiro. "Mas vai ser complicado." O que vai ser complicado? A organização das alegações finais das partes civis (falamos "de PC"). O advogado de PC representa as vítimas. Mas neste julgamento não é necessário brigar por elas, provar que sofreram ou merecem reparação — como fez Sylvie Topaloff, digamos, quando conseguiu que os executivos da France Télécom fossem condenados por "assédio moral institucionalizado". Pode-se apresentar uma alegação contra a France Télécom, mas quem vai fazer o mesmo contra o Daesh? Ao longo de todo o julgamento, o papel dos advogados de PC foi apoiar seus clientes, acompanhá-los, prepará-los para depor, estender uma caixa de lenços, e a maioria fez isso com delicadeza. E agora? Pode-se dizer: eles devem ser porta-vozes das vítimas, traduzir o sofrimento em palavras. O problema é que as vítimas já fizeram isso. A fala delas se desenrolou durante cinco semanas com uma eloquência coletiva extraordinária, e isso abalou todo mundo. O que os advogados ainda podem acrescentar que não seja supérfluo, no melhor dos casos, ou mesmo obsceno? Esse é um primeiro obstáculo; o segundo é que, se não podem ser porta-vozes das vítimas, podem apresentar os argumentos de acusação. Esse não é o papel dos advogados de PC. Poderia ser, em último caso, se os três procuradores fossem fracos, mas eles são excepcionalmente brilhantes, conhecem o caso como ninguém, não faz sentido nenhum entrar no território deles. E então? O que fazer para navegar entre esses dois obstáculos? O que fazer, sabendo que essa sequência de advogados de PC vai levar nove dias, que eles são 350 no total e que 150 esperam apresentar uma alegação? Os advogados formam um grupo copioso em personalidades exuberantes e de ego poderoso, não é nada surpreendente que estejam há um mês brigando, entre reuniões plenárias e discussões de corredor. Alguns anunciaram de imediato que só representarão seus clientes e a si mesmos. Outros, do grupo que esteve mais presente, propuseram uma espécie de alegação coletiva com uma coerência, uma progressão, em que cada um toma a palavra para tratar de um tema. Alguns, ao acaso: "Será que é o mal que nos une?", "Fraqueza e vulnerabilidade", "Liberdade para odiar e não odiar", "O sabor do prazer", "Buscar as palavras", "O amor"... Por que não? De todo modo, ninguém vai escutar a todos, pelo menos eu não vou. Faz oito meses que encontramos esses advogados de PC. Nós os conhecemos bem. Sabemos de quais gostamos e quais nos fazem bocejar de tédio antes de abrirem a boca. Temos a programação, vamos escolher, como em Roland-Garros. Começamos a marcar um X na frente dos nomes.

GUARDA DE HONRA

O sujeito veste um terno e uma camisa pretos, gravata vermelha. Tem um bigodão ruivo, rabo de cavalo, a pele avermelhada do bebedor de cerveja calejado e uma voz muito bonita e profunda, segura, que usa como alguém que faz dela seu instrumento de trabalho. Poderia ser um pastor de televisão, mas é um cantor. É o cantor do Eagles of Death Metal, Jesse Hughes, que estava tocando no Bataclan no dia 13 de novembro. Seu relato é convencional, pontuado de clichês bem americanos — "*My love affair with Paris*", "*You can't kill rock'n'roll*" —, mas, no fim das contas, modesto e simpático. O momento mais surpreendente foi quando, terminado o depoimento, ele se vira para se dirigir à saída. À sua frente, o vão principal com os bancos de madeira branca, com uns quarenta metros de comprimento — eu nunca tinha percebido como a sala do V13 se parece com uma igreja moderna:

clara e bem iluminada, apesar da ausência de janelas. Nos bancos, uma guarda de honra, inteiramente formada por sobreviventes do Bataclan, não importa de que tipo: fãs do grupo, fãs de rock, aqueles fãs raiz, com tatuagem nos bíceps, jaqueta de couro, argola na orelha. Se fosse permitido, teriam entrado com seus copões de cerveja na mão. Jesse Hughes caminha entre eles. Para diante do primeiro. Eles se olham, sorriem um para o outro. Ele o abraça. Abraça por um tempo, um tempo longo. Quando se soltam, ambos estão com os olhos cheios de lágrimas. Ele passa para o próximo, para a próxima. Não sei exatamente quantos eram, trinta ou quarenta, cada um ganhou um abraço, espontaneamente, sem nada de show-off, um Napoleão dando puxõezinhos de orelha nos seus soldados,* as lágrimas sobem aos olhos, o calor humano, a onda imensa de camaradagem entre os sobreviventes, foi um momento inacreditavelmente emocionante, e não achei mais, de modo algum, que fosse um clichê dizer *You can't kill rock'n'roll.*

A INTRUSA

No dia 13 de novembro de 2016, os Eagles of Death Metal voltaram a Paris para fazer um show tributo de um ano dos atentados. Depois da apresentação, no backstage, houve o mesmo tipo de cortejo, a mesma sequência de *hugs* molhados de lágrimas. Uma foto mostra, nos braços de Jesse Hughes, paramentada de roqueira, aquela Flo cuja história contei no início do julgamento — e como parece distante, o início do julgamento... Ela dizia ser uma sobrevivente do Bataclan. Tornou-se webmaster, depois integrante do conselho de administração da associação Life for Paris. Era um exemplo por sua empatia, sua resiliência, sua dedicação para desmascarar os impostores que se enfiavam no círculo das vítimas. Era tudo mentira — à exceção de sua dor e de sua alegria naquele momento.

---

* Refere-se a um gesto afetuoso de Napoleão Bonaparte: dar pequenos puxões de orelha nos soldados da sua guarda, aos quais apelidou de *grognards* [descontentes], palavra usada pelo autor. (N. T.)

A sequência Jesse Hughes era a mais esperada, na verdade a única esperada nesta semana esquisita que, antes das primeiras alegações, se dedicava aos últimos depoimentos. Até o fim do julgamento, as vítimas que não tinham deposto no outono podiam mudar de ideia e serem ouvidas. Cerca de oitenta se inscreveram e se sucedem na tribuna. Essa dose de reforço, que não deve ser conveniente para a defesa, talvez seja útil: ela nos relembra a realidade concreta do horror. Mas nós com certeza não ouvimos com o mesmo fervor de outubro. Em determinado momento, penso numa coisa horrível: se alguém fizesse um filme sobre o julgamento, essas cenas seriam cortadas na montagem. Não por serem ruins, mas por serem redundantes. Nós já vimos isso, já ouvimos isso, não traz nada de novo. Mas é mentira. Entre outros, penso nesse rapaz, que tinha 21 anos na época, que saiu ileso do Bataclan. Durante três anos, uma dissociação completa. Nenhuma lembrança. Mas um mal-estar, a impressão de que as pessoas olhavam para ele de um jeito estranho. Pensamentos sombrios, mas vagos. Pesadelos sem imagens. Silhuetas indefinidas, na periferia do campo de visão. Ressaca eterna, que ele cura com o álcool. A impressão de ter feito alguma coisa errada, mas o quê? Isso lhe escapa. Depois de três anos, ele faz EMDR, a terapia que agora serve para tudo mas que foi inventada para o estresse pós-traumático. Volta tudo, de uma vez só. Ele sabe o que fez de errado. Para chegar à saída, empurrou, esmagou, pisoteou. Ele se tornou uma máquina de sobrevivência que não dava a mínima para o resto. Ele usaria as pessoas que mais ama como escudo se isso fosse necessário para ficar vivo. Pois ele está vivo, sim, mas vive uma vida destruída. Outras pessoas foram heroicas, mas ele não. Ele lembra de si mesmo, sem parar, empurrando, esmagando, pisoteando. Esse filme vai passar em looping na cabeça dele, até a morte. Ele sente vergonha. Por isso está aqui. Para pedir desculpas às pessoas que pisoteou. Se alguma dessas pessoas estiver aqui para ouvi-lo, já é alguma coisa. Já está bom. Ele chora. Vai embora. Eu também vou: por hoje, já deu. No dia seguinte, uma amiga advogada me diz que perdi algumas coisas — esta é uma regra da crônica judiciária: você sempre perde alguma coisa quando vai embora. Logo depois do rapaz devorado pela culpa, veio outro sobrevivente do Bataclan, nitidamente mais tranquilo, que começou seu depoimento dizendo que tinha acabado de ouvir o do rapaz e gostaria de lhe dizer isto: alguém passou por cima de mim e fiquei com duas costelas quebradas. *Apenas* duas costelas quebradas. Bom, pode ter sido você quem passou por cima de mim, pode ter sido outra pessoa, nunca vamos saber, mas se foi você, quero que saiba: duas costelas quebradas não são nada. Consegui me virar, estou vivo, estou feliz, não te odeio, você fez o que foi possível, nós todos fizemos o que foi possível, espero que você ainda esteja aqui na sala para ouvir isso. O rapaz não estava mais, mas minha amiga advogada correu pelo hall para buscá-lo. Ela o alcançou na escada do tribunal. Se alguém fizesse um filme, ele acabaria com essa imagem.

Angústia de morte iminente

O MINUTO FINAL

Entramos no avião. Apertamos o cinto. No meio do corredor, a aeromoça faz a demonstração dos gestos a serem realizados em caso de emergência. Escutamos, distraídos. Durante o voo, algumas pessoas não pensam em absolutamente nada, outras pensam vagamente e outros ainda, os ansiosos, pensam o tempo todo naquilo que, estatisticamente, tem muito pouca probabilidade de acontecer, mas às vezes acontece. O Boeing 737 da China Eastern Airlines levou um minuto para mergulhar de 6 mil metros de altitude, depois de dar pane, no dia 21 de março passado. Os 123 passageiros tiveram um minuto para ver a morte diante de si, sem escapatória, sem qualquer dúvida. Ninguém nunca vai saber como cada um deles viveu esse minuto final. Ninguém sabe o que se passa por dentro de alguém que está morrendo. O direito, no entanto, tem algo a dizer sobre essa experiência tão íntima, tão incomunicável. Esse algo tem um nome não apenas psicológico ou filosófico, mas jurídico, e que surgiu na jurisprudência em 2005, depois de outra catástrofe aérea: é a "angústia de morte iminente".

PRATICAR O DIREITO

Há oito dias os advogados das partes civis navegam entre nobres lugares-comuns e citações de grandes autores — Albert Camus está no topo da lista. Alguns dizem coisas mais consistentes. Frédéric Bibal, um homem miúdo de cabelo raspado e óculos redondos, cujo escritório se dedica à reparação de lesões corporais, começou por observar o seguinte: para a maioria das vítimas, depor na tribuna foi um alívio porque elas tinham a impressão, justamente, de estar *depondo* algo. Um sofrimento, um fardo, que o público soube acolher. Muitos saíram mais leves, ainda que apenas um pouco. Se o julgamento tiver servido apenas para isso, já é alguma coisa. Mas, continua Bibal, ele não pode servir apenas para isso. É preciso fazer algo mais com tal deposição além de parafraseá-la ou despertar a emoção — senão melhor ficar sentado e passar para a etapa seguinte, a sustentação da acusação. É preciso elaborá-la. Praticar o direito. Estamos aqui para isso. E é para isso que Bibal apresentou esse conceito da angústia de morte iminente, que a jurisprudência define como "o sentimento de terror experimentado pela vítima no qual, entre o momento em que foi atacada ou agredida e o de sua morte, ela teve consciência do caráter inelutável de seu próprio fim". Não é preciso morrer de morte violenta para experimentar esse sentimento de terror e de inelutabilidade. Pode-se morrer na própria cama, exaurido pelos anos, cercado do carinho das pessoas queridas, e assistir com pavor à chegada do seu perecimento. Mas esse pavor é íntimo e metafísico. Ele se desenrola entre você e você mesmo, ou entre você e Deus, para aqueles que dão esse nome àquilo que têm em si de mais profundo. Ele não diz respeito ao direito. O direito entra em cena quando houve violência, responsabilidade, dano e reparação. Trata-se dos axiomas jurídicos: qualquer violência tem um responsável, qualquer dano deve ser reparado — pela companhia aérea, pela seguradora ou pelo Estado, não importa —, e se você morreu é sua família que será indenizada. Ela será indenizada proporcionalmente não apenas pela tristeza ou pelo prejuízo material provocado pela sua perda, mas também pelos sofrimentos que *você* suportou, o morto, os quais você não pode descrever por não estar mais aqui. Nesse ponto, a coisa se torna tão técnica que chego a duvidar um pouco, mas a técnica é a única alternativa a qualquer outra coisa, então vamos lá. Há duas semanas, quando tratei do livro do meu colega Mathieu Delahousse, *Le Prix de nos larmes*, falei da Nomenclatura Dintilhac, que é a lista de danos — físicos, psíquicos, patrimoniais — sofridos pelas vítimas de agressões, em especial terroristas, e que dão direito a indenização. A angústia de morte iminente está nessa lista, dentro do item "sofrimentos": assim, é com esse título e dentro desse conjunto que ela é indenizada. Mas um acórdão da Corte de Cassação de 23 de março de 2022 declara que não, trata-se de um dano autônomo, dando direito a uma reparação também autônoma. Em termos de indenização, isso significa que, se além de ter morrido for possível provar que você morreu sentindo angústia, sua família vai receber mais dinheiro. Em termos penais, isso tem outra consequência: se o dano se torna autônomo, a fundamentação também pode ser autônoma. Ao apresentar seu veredito, a princípio no dia 27 de junho, a Corte apresentará aquilo que chamamos de fundamentação, na qual devem ser listadas as razões que motivaram esse veredito. O que Bibal pede ao fim de sua alegação é que a angústia de morte iminente das vítimas do Treze de Novembro seja considerada, de maneira autônoma, entre as fundamentações do julgamento e das penas. Que aqueles que serão condenados o sejam também por isso, especificamente. Por terem participado da morte de 131 pessoas, mas também pelo pavor final que a maioria delas sentiu. Aparentemente, isso não muda muita coisa, os réus já estão com problemas suficientes para que isso piore a situação. Mas é uma maneira de guardar aquilo que foi dito e, em vez de dispersar o afeto, transformá-lo em direito. Um julgamento é isto, ou deveria ser: no início se depõe o sofrimento, no fim se faz justiça a ele.

CENTO E TRINTA E UMA MANEIRAS DE MORRER

A primeira pergunta que as famílias fazem é: ele ou ela sofreu? Quem consegue responder? Os médicos-legistas, as testemunhas sobreviventes. Quando dizem que não, ele ou ela morreu na hora, sem se dar conta do que estava acontecendo, é um consolo. Não sabiam que a angústia de morte iminente era um conceito jurídico, mas é um consolo não ser indenizado por isso. Também é um consolo saber que os minutos finais antes da catástrofe foram felizes, despreocupados. Que a vida de Lamia foi ceifada no Belle Équipe num encontro apaixonado com seu noivo, que eles estavam juntos ao passar da pura alegria para o grande nada. No Stade de France, nas esplanadas, o efeito surpresa foi absoluto. No Bataclan, os tiros duraram dez longos minutos: quem escapou das primeiras saraivadas teve todo o tempo do mundo para sentir medo. Durante cinco semanas de outubro e mais uma em maio, os sobreviventes contaram das mortes instantâneas e das longas agonias. Anotei dezenas de relatos, estou relendo isso agora que nos aproximamos do fim. Eis o que disse uma moça, Maia, que estava no Carillon: "Em determinado momento, sinto a morte logo atrás de mim. Tem um homem nas minhas costas, encostado no meu corpo. Escuto sua respiração entrecortada, escuto seus estertores, sei que são seus momentos finais. Sei que estou vivendo, ao lado dele, seus últimos minutos de vida. Isso é muito íntimo, talvez seja a coisa mais íntima que podemos partilhar com alguém. Sou a única testemunha da morte dele. Nunca saberei seu nome".

UMA CITAÇÃO

"Só ficava parada perto da porta, olhando para mim. E então — não sei direito como contar, mas ela fechava os olhos, começava a balançar a cabeça, muito devagar, e a torcer as mãos, muito devagar, e a gemer, ou sussurrar. Eu não entendia o que ela estava dizendo. Mas eu ficava com o coração partido, nunca senti tanta pena de alguém, então eu a abraçava. E dizia: 'Por favor, Bonnie! Oh, não fique assim, querida, não fique assim! Se havia alguém preparado para ir se encontrar com Deus, era você, Bonnie'. Mas eu não conseguia consolá-la. Ela sacudia a cabeça e torcia as mãos, e então eu ouvi o que ela dizia. Ela estava dizendo: 'Ser assassinada. Ser assassinada. Não. Não. Não existe coisa pior. Nada é pior que isso. Nada'."[1]

---

[1] Truman Capote, *A sangue frio*. Trad. de Sergio Flaksman. São Paulo: Companhia das Letras, 2003, p. 199.

Os cavaleiros do penal

MATAR O ADVERSÁRIO?

A cena se passa na biblioteca imensa, toda revestida de couro e pátina de ouro, da ordem dos advogados. Jovens usando becas negras e jabores brancos se levantam, cada um à sua vez, para apresentar suas alegações sobre um tema definido, que guarda uma vaga relação com o convidado presidindo a sessão. Nesta noite, o tema é: "É preciso matar o adversário?" — porque o convidado sou eu, que escrevi um livro chamado *O adversário*. Se tivesse escrito *Em busca do tempo perdido*, poderia ter sido "É preciso perder tempo?". Cada um escolhe se vai responder à pergunta afirmativa ou negativamente, sendo que a graça é passar de um lado para o outro, isto é, sustentar uma coisa e o oposto dela. Estamos na Conferência do Estágio, um concurso de oratória no qual a cada ano, há dois séculos, cerca de duzentos advogados jovens concorrem a doze vagas. Cooptados pelos doze do ano anterior, os eleitos se nomeiam secretários da conferência e nessa profissão não há nada que dê mais prestígio do que isso. As alegações foram divertidas, brilhantes, os oradores levaram o exercício a sério sem levar a sério a si mesmos. Dava vontade de ir encontrá-los na cervejaria Deux Palais, onde eles aportam no fim da noite, atarefados, sorridentes, febris, com seus casos criminais e suas vestes amarrotadas esvoaçando atrás de suas imensas pastas. Fiquei feliz de presenciar isso, mas eu tinha um interesse a mais na questão: é que no V13 as alegações da defesa começam na próxima semana e mais de metade dos advogados diante do aquário são antigos secretários da conferência. É o caso de Negar Haeri e Xavier Nogueras, que defendem Mohamed Amri e a quem perguntei como chegaram aqui.

No V13 todo mundo chama Negar Haeri de Negar, até quem não a conhece, e nunca ouvi ninguém expressar algum tipo de reserva quanto a isso. Trata-se de uma moça graciosa e precisa, com olhos pretos imensos e cabelo preto. Ela é de origem iraniana, da burguesia culta, seus dois irmãos também são advogados e secretários da conferência. Queria ser pianista, estudou quinze anos de piano, ainda toca — muito bem, mas não o suficiente para seu gosto. Ela pratica o direito como aprende uma sonata: compasso por compasso, detidamente, sendo os acórdãos da Corte de Cassação analisados como arpejos. Na conferência, seu tema foi: "É preciso se render às evidências?" (Ela optou pela resposta negativa: nem à evidência ela se rende). Durante um ano, os secretários devem garantir a defesa penal gratuita das pessoas mais pobres, o que é chamado de defensor dativo. Eles fazem plantão no tribunal. Quando um crime é cometido em Paris, cai no colo deles, e na metade das vezes trata-se de um crime hediondo: eles aprendem do jeito mais difícil e se orgulham disso. Negar fazia parte da turma de 2015, a foto do seu grupo foi tirada no dia 7 de janeiro: dia do *Charlie Hebdo*, difícil não pensar que era um sinal. Num dia em que ela estava de plantão, doze policiais mascarados entram desabalados escoltando um homem igualmente mascarado: Mohamed Amri, que levou Salah Abdeslam de Paris até Bruxelas na noite do 13 para o 14 de novembro. Depois de oito meses de julgamento, nós conhecemos bem Amri: um sujeito pesado, de pensamento arrastado, discurso que não sai do lugar. Negar diz que essa sua incapacidade de se expressar a comoveu, porque ela mesma, quando criança, falou farsi antes de falar francês e se sente desajeitada e sem legitimidade nessa língua que adotou. O argumento parece absurdo diante de seu vigor verbal, mas tenho certeza de que, subjetivamente, ela está dizendo a verdade, e que foi em cima disso que se construiu um laço de confiança entre eles no decorrer dos encontros no parlatório, de forma que Amri é um dos poucos réus que, em seis anos, não mudou de advogado. Dito isso, o caso é monstruoso, e é preciso tocar o escritório ao mesmo tempo, portanto formar uma dupla; Negar nem hesita, ela chama Xavier Nogueras.

Seu veterano por dois anos na conferência, Nogueras tem um perfil completamente diferente. Também estudou música, piano, cravo, violão, flauta, trompete, mas como o bagunceiro do filme *A voz do coração*, porque as pessoas tinham a esperança de trazê-lo de volta ao bom caminho. Nascido em Nice, meio rebelde, ele tem uma história familiar pesada, que me permito contar porque ele mesmo não a esconde. Seu pai era juiz de instrução. Sedutor, apostador, morre quando Xavier tem nove anos, deixando a família num sufoco material, mas também um rescaldo de mistério: embolia pulmonar? Suicídio? Vinte anos depois Xavier ficará sabendo da verdade por acaso, da boca de um médico-legista que conta ter feito a autópsia de um juiz que se meteu com cocaína quando cuidava de casos de entorpecentes e morreu de overdose. Carregando essa dupla herança — o amor pelo direito e o comportamento de risco —, o filho se arrasta numa juventude de papo para o ar, seduzido pelo teatro até que um colega o carrega para uma sessão da Conferência do Estágio. Uma iluminação: esse palco é para ele. Como ele diz: "Tenho todas as feridas narcísicas para ser penalista". O seu tema no concurso foi: "É preciso acabar com os ricos?" (Ele escolheu a afirmativa: sim, é preciso acabar com eles). Foi eleito secretário em 2013, logo depois do atentado de Mohamed Merah na escola judaica de Toulouse. O terrorismo está começando a se tornar o feijão com arroz dos cavaleiros do penal, os secretários da conferência. Os radicalizados que voltam da Síria, os que foram presos antes de ir para lá, são enfiados nas prisões pelos juízes mesmo que não tenham feito nada, porque há o risco de que façam. A precaução é compreensível, mas o direito não admite a justiça preventiva, e uma pessoa como Nogueras defende não apenas os *terro*, mas o direito. O trabalho é malvisto, paga pouco — mais um motivo para se jogar nele. Oitenta por cento dos seus clientes vêm daí, a ponto de um dia, no canal BFM, correr debaixo do seu rosto estranhamente bonito, de cabelos brancos e um olho de cada cor, uma legenda que o apresenta como "Xavier Nogueras, advogado do mundo jihadista". Tudo bem.

O ÚLTIMO A ESTENDER A MÃO?

Quando eu cometer um crime, é a eles dois que vou pedir para me defender. Ela, musicista clássica; ele, um dândi que no fundo ainda é punk. Seu rigor e polidez lhes conferem um respeito patente, palpável, por parte da Corte, das partes civis e da acusação: é um consenso que Amri se deu bem. No que diz respeito a ele, o desafio é claro. Foi o responsável pela remoção de Salah Abdeslam: ocultação de criminoso. Isso dá seis anos, que ele terá cumprido em julho, se ficar nisso sai daqui livre. Mas ele também é acusado de ter acompanhado Abdeslam no aluguel dos carros, o que parece mais inofensivo mas pode evoluir para AMT, associação criminosa terrorista: vinte anos. Toda a estratégia dos seus advogados, que eles desenvolvem desde o início do julgamento como quem move peças no xadrez, será a de derrubar o T: associação criminosa, apenas. Não vou antecipar a alegação deles do dia 14 de junho, digo apenas o que Nogueras me respondeu, diante de sua taça de vinho branco, quando, no Deux Palais, fiz a ele a pergunta eterna do limite: existe um limite? Causas que você se recusaria a defender? "Se você está perguntando isso, é porque não entendeu o que é ser advogado. Não defendo nenhuma causa, mas não recuso nenhum réu. Vergès defendia causas. Ele não defendia apenas Pol Pot ou Carlos, mas aquilo que Pol Pot e Carlos tinham feito. Concordava com eles. Para pegar o exemplo dos crimes mais malvistos, nós obviamente não defendemos a pedofilia nem o terrorismo, mas estamos dispostos a defender um pedófilo ou um terrorista. Eles *precisam* ser defendidos, essa é a lei. Agora, é claro que às vezes tenho dificuldade, é mais fácil defender um assaltante com quem posso ir beber alguma coisa quando ele sair do que um sujeito que fica excitado vendo vídeos de decapitação, mas o fundamental é distinguir o sujeito da ação. Ser advogado é isto: fazer o possível para o réu ser julgado segundo o direito, e não segundo as paixões. E então, quando todo mundo lhe tiver virado as costas, ser o último a ainda lhe estender a mão."

A cortina rasgada

BOM TRABALHO

Com o fim do julgamento se aproximando, pensamos de novo no começo, no caminho que percorremos. Naquilo que terá acontecido dentro de cada um de nós entre o momento em que entramos nesta caixa de madeira branca gigante, no dia 8 de setembro, e o momento do veredito, previsto para 29 de junho. Eu me lembro do primeiro dia. O presidente tomou a palavra para dizer que este julgamento que todo mundo dizia ser atípico, e com razão, deveria se desenvolver dentro do respeito estrito às regras do direito. Somente sob essas condições ele seria exemplar. E, no fim das contas, foi o que aconteceu: e isso não é pouca coisa. Foi nestes termos que a procuradora-geral Camille Hennetier se dirigiu à Corte no fim da acusação, na última sexta-feira: "Pavor é quando desaparece a cortina que esconde o nada e que permite viver uma vida tranquila. O terrorismo é a tranquilidade impossível. Seu veredito não vai consertar a cortina rasgada. Não vai curar as feridas, visíveis e invisíveis. Não vai trazer os mortos de volta. Mas ao menos ele poderá garantir a quem está vivo que, aqui, quem tem a última palavra são a Justiça e o direito". Do início ao fim do V13, fiquei impressionado com a qualidade da acusação. Três magistrados da Procuradoria Nacional Antiterrorista, dois homens em torno de uma mulher, os três jovens, os três implicados no caso desde o primeiro dia, conhecendo-o de cor. Sempre precisos, nenhum truque, nenhuma pergunta que fugisse do tema: nível altíssimo. Nós nos perguntávamos como seria essa estreia judiciária, uma acusação com três dias de duração. Alternadamente, revezando-se a cada duas horas, mais ou menos, Camille Hennetier, Nicolas Braconnay e Nicolas Le Bris fizeram algo extraordinário: retomaram tudo desde o começo, compilaram tudo, narraram tudo. O princípio narrativo do julgamento era uma espécie de divisão em capítulos cronológicos, inevitável mas frustrante: personalidade, depois radicalização, viagem à Síria, ano anterior, meses anteriores, semanas anteriores, dias anteriores... Na passagem de um capítulo a outro, os fios se estiraram, desfiaram, e eles os apertaram de novo. Estou falando de narração, de narrativa: é como um operário que trabalha com a narrativa que fiquei admirado com o rigor e o virtuosismo do exercício. Uma vez que não se pode contar tudo, escolher com cuidado os detalhes mais significativos. Posicionar nos melhores lugares os retratos dos réus, o papel de cada um na máquina mortífera, as acusações exatas que pesam contra ele. Lembrar que nunca saberemos de tudo, mas eles, no aquário, sabem. Explicar que o silêncio é um direito, mas a mentira também, e que eles se utilizaram amplamente tanto do segundo quanto do primeiro. Há um limite, porém, a esse trabalho exemplar de síntese e pedagogia: o que descobrimos a mais sobre os réus e seus papéis em relação ao que havia no OMA, a peça acusatória que resumia tudo que era possível saber antes do julgamento? Esses nove meses de audiência contribuíram com o quê? Na verdade, com bem pouco: em termos de informação, talvez 10%, 15% a mais. Tudo que dizia respeito às vítimas foi de uma tal grandeza, tanto quanto aprendemos sobre a humanidade ao escutá-los. E quanto ao aquário? Eu e as outras pessoas nos perguntamos até não poder mais sobre os estados de espírito de Salah Abdeslam. Será que o cinto explosivo dele falhou? Será que ele sentiu medo? Será que foi tomado por uma lufada de humanidade? Será que seus pedidos de desculpa são sinceros? Mas que importância tem sua sinceridade? Qual o interesse do estado de espírito de Salah Abdeslam? Que mistério irrelevante: um vazio abissal envolvido por mentiras, sobre o qual nos debruçamos com tanta atenção — em retrospecto, isso nos deixa um pouco estarrecidos.

ÍNTIMA CONVICÇÃO

A sustentação da acusação é pesada e cheia de nuances. Para Salah Abdeslam, único a ser considerado coautor dos atentados, reclusão criminal perpétua, sem possibilidade de condicional: a prisão perpétua pra valer, que praticamente nunca é aplicada. Pedidos bastante pesados também, mas com penas de vinte ou trinta anos em regime fechado — o que é bastante, mas menos incomum — para o eterno acompanhante Mohamed Abrini; para Mohamed Bakkali, Osama Krayem e Sofien Ayari — de toda a célula, os quadros mais altos do Estado Islâmico —; para os "operacionais contrariados", Adel Haddadi e Mohamed Usman, que não conseguiram participar dos atentados por terem sido presos em Viena, mas que deveriam ter participado e devem ser punidos — segundo a acusação — como se tivessem participado. Existe uma possibilidade de indulgência para os três réus livres, Abdellah Chouaa, Hamza Attou e Ali Oulkadi, que Camille Hennetier aceita chamar de "ajudantes". Conta a seu favor o fato de respeitarem a fiscalização judiciária e virem ao julgamento todos os dias, obedientemente, sendo que se trata de uma dor de cabeça para eles sob todos os pontos de vista — eles moram na Bélgica, não conseguem mais trabalhar, precisam se virar para sobreviver em Paris praticamente sem dinheiro. Os advogados desses três podem ter esperança de livrá-los dessa, o que significa que eles poderiam sair em liberdade. Agora, fico imaginando: sou um jurado, ou juiz, já que neste julgamento não há jurados. Antes de a Corte se retirar para deliberar, como ela vai fazer daqui a duas semanas, alguém lê para mim o artigo 353 do Código de Processo Penal: "A lei determina que cada jurado e juiz deve refletir em silêncio e recolhimento, deve buscar na sinceridade de sua consciência a impressão que as provas apresentadas contra o réu e sua capacidade de defesa provocaram no seu entendimento. A lei lhe faz apenas uma pergunta, que abarca toda a medida do seu dever: você tem uma íntima convicção?". Hoje, sim, eu tenho. É a mesma de Camille Hennetier, Nicolas Braconnay e Nicolas Le Bris. Pela maneira como foram apresentadas, as provas contra os réus provocaram uma grande impressão no meu entendimento. Se fosse jurado, eu seguiria os pedidos deles. Mas na Justiça francesa a defesa fala por último. Ela vai falar durante duas semanas. Os cerca de trinta advogados postados diante do aquário são jovens e brilhantes também. Vão fazer tudo que é possível. Isso que durante toda a sustentação da acusação me pareceu evidente, irrefutável, vai perder essa obviedade. Tudo vai ser retomado, triturado, cada argumento em favor da condenação será, se não revertido, ao menos minimizado e contextualizado, com mais ou menos boa-fé, para os fins da alegação. A dúvida vai se insinuar, e sabemos que ela beneficia o réu, e que bom que seja assim. Não sei se esse traço de caráter faria de mim um juiz bom ou ruim, mas me deixo convencer com facilidade. Entendo com facilidade o ponto de vista do outro, o que é ao mesmo tempo uma qualidade — ausência de prejulgamento — e um defeito — o risco de ser um cata-vento, soprando sempre na direção do último que falou. Minha íntima convicção é flutuante, indecisa. Enfim, tendo tomado nota daquilo que me convenceu na sustentação da acusação — mais ou menos tudo —, estou me propondo a observar, com lucidez, como vão me fazer mudar de ideia.

EXTINÇÃO

No início do terceiro dia de sustentação da acusação, aconteceu uma coisa esquisita. As lâmpadas de néon do teto que iluminam a sala de repente baixaram. Elas não apagaram, não ficamos no escuro, mas a intensidade diminuiu para pelo menos a metade. Alguém deve ter apertado um botão errado. A luz voltou ao normal depois de alguns segundos, quase não deu tempo de sentir medo. Quase não deu, mas deu: sentimos medo. As partes civis sentiram medo. Os do Bataclan sentiram medo, lembrando-se da luz lívida do massacre. Por um momento, acreditamos que a cortina estava sendo rasgada novamente.

A semana dos pequenos

UM SOM DE CASCOS

"Quando estou passeando num parque em Bruxelas e ouço um som de cascos, penso num cavalo, não numa zebra. O Ministério Público pensa numa zebra. Meu cliente é um traficante de entorpecentes. Ele vai encontrar outros traficantes de entorpecentes numa cidade, Roterdam, que é conhecida pela facilidade para se obter entorpecentes. O que o Ministério Público conclui? Que ele foi comprar armas!" É o que diz Jonathan de Taye, um dos três advogados de Ali El Haddad Asufi. Estamos no fim da primeira semana dedicada à defesa daqueles que o Ministério Público recusa chamar de comparsas, porque acredita que, em matéria de terrorismo, não existem comparsas. E, como eu tinha previsto, depois de ter sido quase cem por cento convencido pela longa sustentação da acusação do trio Hennetier-Braconnay-Le Bris, agora me deixo convencer, digamos que em cinquenta por cento, pelos advogados que a estão desmontando.

SALTA AOS OLHOS

"Não tinha como ele não saber": essa frase, com diversas variantes, é o fundamento da acusação de AMT, associação criminosa terrorista, que pode ser qualificada como um balaio, uma zona cinzenta, uma máquina para condenar cuja intenção é sondar as almas em vez de se ater aos fatos. Hamza Attou era amigo de Brahim Abdeslam, cuja radicalização, diz o Ministério Público, saltava aos olhos. Ele devia ter enxergado o perigo, tê-lo denunciado. Delphine Palcy, advogada da dupla que defende Attou, diz: "Você tem um vizinho antivacina. Ele te aporrinha com discursos conspiracionistas. O que você faz? Dá de ombros. Um dia ele atira contra um centro de vacinação. Então vão te colocar na prisão porque você não o denunciou? A polícia belga não foi capaz de dimensionar a periculosidade de Brahim, por que esperar que um traficantezinho de 21 anos fizesse isso?". (Argumento sedutor, mas capcioso: a polícia belga não encontrava Brahim todos os dias.) Outra queixa: "Quando acompanhou Brahim até o aeroporto, que dizia que viajava para a Turquia de férias, como Attou pode ter ignorado que na verdade ele estava indo para a Síria? Era obviamente por esse motivo que o acompanhava, por que mais faria isso?". Resposta de Attou, citada por sua advogada: "Não sei se para o senhor também é assim, doutor, mas em Molenbeek, quando um amigo sai para comprar pão, nós vamos junto. Às vezes vamos até em cinco pessoas acompanhando".

AOS OLHOS DE QUEM?

Tudo isso saltava aos olhos, mas aos olhos de quem? No seu ataque à sustentação da acusação, os advogados da defesa chamaram atenção para o fato de os procuradores serem pessoas muito inteligentes, mas com o defeito, comum em pessoas muito inteligentes, de acreditar que todo mundo é como eles. Em vez de se colocar no lugar de sujeitos bastante limitados como Ali Oulkadi, Hamza Attou ou Abdellah Chouaa, eles ficam surpresos com o fato de Ali Oulkadi, Hamza Attou ou Abdellah Chouaa não terem uma capacidade de análise fina e os reflexos cidadãos de Camille Hennetier, Nicolas Braconnay e Nicolas Le Bris. E não apenas os reflexos cidadãos, mas os de classe. É claro que os procuradores não se juntam num grupo de cinco pessoas para ir comprar pão e, se passam por Florença, não deixam de visitar a Uffizi. Pensei de novo na audiência em que se tentou explicar a ligeira road trip de Abdeslam e seu amigo Dahmani para a Grécia, passando pela Itália, no verão de 2015. Dois dias de ida, dois de volta, sem paradas, sendo que haveria tanta coisa para ver, isso parece ser o quê? Resposta de Abdeslam: "O senhor com certeza tem meios para fazer viagens mais luxuosas, senhor presidente, mas nós não temos". A Justiça é sempre mais ou menos assim: o Código Penal foi inventado para impedir que os pobres roubem os ricos e o Código Civil para permitir que os ricos roubem os pobres. Só que neste caso — é um dos argumentos de encerramento do Ministério Público — os réus não são pobres. Também não são ricos, concordamos, mas não são pessoas em situação de vulnerabilidade, não cresceram em famílias profundamente disfuncionais, então não cedemos com facilidade à "chantagem sociológica". Essa é uma expressão que o Ministério Público adora usar, "chantagem sociológica". Mas o que ela esconde? — pergunta Delphine Boesel, outra advogada de Attou. Interessar-se pelo contexto social e cultural no qual os réus cresceram é chantagem sociológica? Admitir que eles não dominam tudo, que não tomam decisões sobre o que fazem após uma deliberação madura e esclarecida, que eles também são produto de algo que os ultrapassa, é chantagem sociológica? Não se julgam apenas ações, e sim homens, e é papel da Justiça colocar-se à altura desses homens. Ao menos é o da defesa. Já foi dito e repetido como era importante que, no julgamento atípico que é o V13, esse papel fosse bem executado. Não precisam se preocupar: ele está sendo.

AQUELES QUE DEVERIAM TER FEITO, MAS NÃO FIZERAM

Até os defensores de Mohamed Usman e Adel Haddadi reconhecem que eles deveriam ter participado dos atentados. Até o Ministério Público reconhece que eles não participaram. Detidos na ilha de Kos, acabaram se atrasando na viagem. No dia 13 de novembro deveriam estar em Paris, mas estavam na Eslovênia. Na Justiça normal, é o que se chama de álibi perfeito, que leva à absolvição ainda que a pessoa tivesse más intenções. Na Justiça antiterrorista, não: a intenção é suficiente, e os dois homens correm o risco de pegar vinte anos de prisão. Não estamos muito distantes de *Minority Report*, o filme que Spielberg fez a partir de uma novela de Philip K. Dick, em que as pessoas são presas antes de cometer o crime que um técnico de informática prevê que irão cometer. É completamente contrário ao direito, mas, nesse caso específico, quase unanimemente aceito. Por que apenas nesse caso? Há outros crimes horríveis e, como observou Ménya Arab-Tigrine, advogada de Ali El Haddad Asufi, ainda não chegamos ao ponto de prender preventivamente como pedófilo qualquer homem que use batina. Não importa: esse argumento evidente, irrefutável, que deveria encerrar o debate — repito: a Justiça não pode ser preventiva, julga-se alguém pelo que ele fez, não pelo que deveria ou poderia ter feito —, se tornou algo que ninguém ouve, irrelevante, e é dessa forma que um advogado tão excelente quanto Edward Huylebrouck se vê sem recursos ao término de uma alegação notável do início ao fim, a ponto de dizer algo tão besta quanto "Talvez, ao cruzar a cidade de Mozart, o sr. Usman tenha tido um lampejo de humanidade". Talvez.

A VIDA É BELA

Entre os réus menores, Farid Kharkhach é o mais estranho. Trata-se do intermediário que forneceu os documentos falsos para o grupo. Como não há no seu dossiê nenhum traço de radicalização, o Ministério Público diz que ele pactuou com o jihadismo por ganância. Essa ganância lhe rendeu trezentos euros, pelos quais está na prisão há seis anos e sem nenhuma certeza de que vai sair dela. Ao longo de todo o julgamento, ele surpreendeu por sua personalidade volúvel, suas logorreias repentinas, seu isolamento (ele não conhece nenhum dos réus), a sucessão inacreditável e quase burlesca de reveses e fiascos que lhe rendeu o apelido de Farid, o Azarado, dado pela minha colega Violette Lazard. Marie Lefrancq, uma de suas advogadas, o descreve como um pai de família amoroso, que não teve coragem de explicar aos filhos pequenos por que fazia seis anos que não morava em casa. Primeiro disse que estava doente, fazendo um tratamento na França. Depois as crianças vieram visitá-lo na prisão, então ele disse que tinha virado guarda da prisão. Não estou inventando. Ainda que não tenha assistido à cena, Marie Lefrancq garante sua autenticidade: Farid Kharkhach recebe as crianças no parlatório fingindo que não é um presidiário, mas um guarda. Não faço ideia de como isso é possível concretamente, mas me lembrei de outro filme, *A vida é bela*, em que Roberto Benigni convence seu filhinho de que os campos nazistas são um jogo de caça ao tesouro divertida, e pensei que, se Kharkhach não se sair mal demais, vamos poder dizer sem remorso que a história dele, tão triste, é um tema inacreditável para uma comédia.

As últimas cartadas

QUASE NADA A ESPERAR

A última semana foi a dos réus "pequenos", que paradoxalmente correm um grande risco. Alguns esperam ser absolvidos, todos temem continuar na prisão ou, ainda pior, voltar para lá. Suspense. Enquanto isso, os peixes grandes do caso, Ayari, Bakkali, Krayem, Abrini, Abdeslam, têm tudo a temer e quase nada a esperar. Sabem que serão condenados a uma pena pesada, seus advogados sabem disso, as alegações soam como uma última cartada. As mais bonitas não são necessariamente as mais eficazes, mas quais as chances de ser eficaz quando as acusações são tão graves e as pessoas a quem você se dirige não são um júri popular, mas cinco magistrados profissionais que se antecipam e sabem de antemão tudo aquilo que você vai lhes falar? Adorei o que o advogado belga de Abrini, Stanislas Eskenazi, disse à Corte: "Por favor, depois que os fatos forem qualificados, tirem a toga. Façam a condenação como seres humanos, não como magistrados. Ou isso não será um tribunal do júri".

O ATIRADOR DE FACAS

Uma vez que as questões penais eram frágeis, estávamos livres para apreciar o talento. Nas suspensões, nos perguntávamos: "Gostou?". Cada um elegeu seu favorito, vou citar os meus dois. O primeiro é outro advogado belga, Isa Gultaslar, de Sofien Ayari. Trata-se de um sujeito alto e magricela, de rosto fino e comprido, que praticamente não abriu a boca durante o julgamento todo. Quando chegou sua vez, surpreendeu ao adentrar um terreno aonde mais ninguém tinha ido. Não foi exatamente uma estratégia de ruptura à la Vergès, mas quase.

Começou com a história de Hamza, um garoto sírio de treze anos que, em março de 2011, no início da Primavera Árabe, escreveu num muro "Sua hora vai chegar, doutor" — o doutor era Bashar Al-Assad, que, como sabemos, é oftalmologista. Preso pela polícia, Hamza foi torturado até a morte e entregue à sua família com o rosto preto, o corpo queimado, o pescoço quebrado, o sexo arrancado. Foi a maneira de Gultaslar lembrar que a origem daquilo que está sendo julgado no V13 é a barbárie do regime sírio e que aquilo que levou tantos jovens muçulmanos como seu cliente para o Daesh não foi necessariamente a crueldade nem o fanatismo, mas uma indignação política legítima. A causa dos atentados, diz ele, não é a religião, é a guerra. A França está envolvida com a Síria, isso se chama estar em guerra, e os crimes cometidos em Paris pelos soldados do Daesh não deveriam dizer respeito ao direito antiterrorista nacional, e sim ao direito internacional dos conflitos armados. Assim, deveriam ser requalificados como crimes de guerra. Existe alguma mínima chance de essa eventual requalificação ser examinada a oito dias do veredito? Ela resolveria a situação nada boa de Sofien Ayari? Aposto que não, mas assistimos a uma aula impressionante de direito, geopolítica e acrobacias de oratória. Na suspensão, circulavam rumores sobre esse Gultaslar que bem poucos conheciam antes de ele tomar a palavra. Ele teria feito parte de um comitê de apoio belga a Oussama Attar antes que este se tornasse o chefe das operações internacionais do Daesh: isso é verdade e acentua seu lado Vergès. Antes de ser advogado, era atirador de facas em parques de diversões itinerantes. Isso quem me contou foi Georges Salines, e entendi que ele não deu a mínima quando me atrevi a perguntar ao próprio interessado. Com uma cordialidade divertida, Gultaslar me respondeu que não, e que também não foi domador de ursos no Butão. E que não era Keyser Söze. Ainda assim, é o tipo de pessoa que suscita esse tipo de pergunta, e depois da audiência, quando pôs o pé na cervejaria Deux Palais, nós o aplaudimos.

ENTORPECEDORA

Como eu não estava presente neste dia, não sei se aplaudiram Orly Rezlan no Deux Palais, mas haveria motivo para isso. Trata-se de uma das advogadas de Mohamed Bakkali, e devo confessar que não a achava muito simpática. Voz desagradável, tom indelicado: não tentou nos seduzir nem na sua alegação nem nas intervenções ao longo da audiência. Mas a força da sua convicção e sua fúria monocórdia, lancinante, escalaram à medida que ela expressava sua austeridade, sem que subisse a voz, degrau por degrau, até atingir uma qualidade hipnótica tamanha que Soren Seelow, especialista em terrorismo do *Le Monde*, arriscou usar a expressão "entorpecedora", e ela era apropriada. A alegação de Orly Rezlan era entorpecedora.

E também implacável, e trazia algo novo como a de Gultaslar, algo que não havíamos escutado e que obviamente não é uma desculpa, mas uma explicação. Gultaslar insistiu na indignação política, Rezlan na consciência pesada que acompanha qualquer prática religiosa continuada. Você é um bom muçulmano? Você apoiou os irmãos o suficiente na dor deles? Quando outras pessoas sofrem e lutam, não é vergonhoso ficar escondido? Tais questionamentos não são desprezíveis, mas Rezlan não parou por aí. Em vez de citar Camus, como já foi feito à exaustão, ela foi buscar uma referência esclarecedora em *História de um alemão*, de Sebastien Haffner, um dos grandes livros sobre a escalada do nazismo — leia, diga para as pessoas lerem. Haffner era um jovem jurista, veja só, que contou e tentou entender como tantos jovens de sua geração, que não eram nem psicopatas nem sequer extremistas, foram cooptados pela máquina do ódio. Ele diz que, para muitos, o impulso veio da camaradagem. Você compartilha um ideal, comunga em uma indignação... aderir aos valores do grupo é mostrar que é um cara legal. É delicado sustentar que é possível participar de atentados ou de um genocídio porque você tem um coração bom, mas dizer que é por você ser um bom amigo, sim, isso para de pé.

A PRISÃO PERPÉTUA PRA VALER

Para encerrar, chegou a vez de Martin Vettes e Olivia Ronen, os dois jovens advogados de Abdeslam. Lotação máxima. Eles foram bem, muito bem, e nos seus últimos quinze minutos Ronen estava absolutamente inspirada. Eles fizeram sua alegação por muito tempo, com muita valentia, mas a verdadeira batalha, que tinha alguma chance de dar certo, era contra a prisão perpétua sem possibilidade de condicional que o Ministério Público pediu. Diz uma lenda que o ex-ministro da Justiça Robert Badinter conseguiu aprovar a abolição da pena de morte às custas da instauração dessa prisão perpétua "pra valer": você entra e não sai nunca mais. Não é verdade, Badinter sempre recusou a substituição de um suplício por outro. E, se essa pena máxima foi pronunciada quatro vezes desde 1994, isso foi feito para sádicos e grandes pervertidos, de uma periculosidade extrema, como o serial killer Michel Fourniret. Abdeslam merece uma pena pesada, ninguém discorda, mas Abdeslam não é igual a Fourniret. Ele nem sequer é igual a Abdelhamid Abaaoud ou Oussama Attar. Condená-lo a algo assim é pavoroso, seria desrespeitar a proporcionalidade das penas só para dar um exemplo — então, pesando tudo isso, Ronen concluiu dizendo: "Se vocês acatarem o Ministério Público, o terrorismo terá sido o vencedor".

DOIS ARREPENDIMENTOS

Não gostei desse encerramento. Opor-se ao Ministério Público é papel da defesa. Ronen o executou veementemente, muito bem. Mas, mais que mordaz, sua alegação foi ofensiva do começo ao fim, e achei isso uma pena. Podemos achar que o trio Hennetier-Braconnay-Le Bris foi excessivamente severo nos seus pedidos. Também eu espero que eles não sejam acatados, no que diz respeito à prisão perpétua "pra valer". Mas não se pode dizer que tenham sido medíocres, demagogos ou, muito menos, e Ronen usou essa palavra, "ignóbeis". Não mesmo. Ao contrário, um dos trunfos do V13 foi o fato de a acusação ser também de alto nível. E, já que estamos tratando dos arrependimentos, digo mais um. O presidente usou suas últimas palavras para nos avisar que o veredito, previsto para a quarta-feira dia 29 a partir das dezessete horas, seria pronunciado apenas com a noite já avançada. "Sei que essa espera vai ser difícil para as partes civis", ele acrescentou, "e que não convém à imprensa, mas não temos escolha." Até aí, tudo bem. O que achei uma pena foi ele ter esquecido que essa espera será difícil também para os réus.

O fim

NA SALA DO LEILÃO

O veredito está previsto para as dezessete horas, imaginamos que sairá depois, alguns acham que só tarde da noite. Tem ainda mais gente do que no primeiro dia, ainda mais policiais, ainda mais exaltação. Ninguém quer sair de perto, estamos bloqueados, barras de chocolate e rumores circulam. Como no primeiro dia, há apenas um lugar por veículo na sala, desta vez a vaga do *L'Obs* é de Mathieu. Violette e eu fazemos o reforço na Sala des Criées [do leilão] assistindo à transmissão, ela encostada num cantinho, eu na ponta de um degrau no meio de duzentos jornalistas quc vieram do mundo todo, nunca vimos a maioria deles. A Corte entra às 20h30, temíamos que fosse demorar mais.

O presidente anuncia que o julgamento completo soma 120 páginas e será disponibilizado à noite, e que naquele momento vai ler apenas um resumo. "Alguém se opõe a isso?" Ele ri da própria piada, notamos que está extremamente tenso, todo mundo está. Vamos lá. À exceção do que concerne ao réu Farid Kharkhach, para todas as questões levantadas pelo Ministério Público a Corte responde sim. À exceção do réu Kharkhach, todos são considerados culpados pela totalidade das infrações que os trouxeram até aqui. Kharkhach é aquele personagem volúvel que falsificou os documentos, ao que parece sem saber nem para quem nem para quê, e que diz aos filhos que é guarda da prisão quando eles vêm falar com ele no parlatório. Estamos felizes por Kharkhach, mas se ele é o único a sair dessa, isso significa que, para todos os outros, é o fim da linha. É o que os três réus menores, Chouaa, Attou e Oulkadi, entendem, eles que durante todo o julgamento compareceram em liberdade aos seus bancos auxiliares na frente do aquário e que botam a cabeça entre as mãos e começam a chorar.

No chão, entre seus pés, há sacolas com suas coisas que eles trouxeram para o caso de irem direto para a prisão na saída da audiência, e ainda que ninguém tenha certeza disso, porque o conjunto das penas será proferido depois de sua qualificação, está mesmo parecendo que é o que vai acontecer. Eu me lembro das últimas palavras de Chouaa, na antevéspera: "Estou com medo, com muito medo de que vocês cometam um erro". São estas as duas grandes incertezas do veredito: o destino dos pequenos — será que vão sair livres? — e o do maior de todos, Abdeslam — será que ele vai pegar a pena famosa e para muitos chocante da prisão perpétua sem liberdade condicional, como o Ministério Público pediu? Quando chega sua hora no anúncio das penas, isso também não fica claro, pois uma vez pronunciada a palavra "perpétua", que não surpreende ninguém, o presidente acrescenta que nenhuma das medidas previstas pelo artigo 132-23 do Código Penal poderá ser concedida a ele. Imaginamos que isso não seja uma boa notícia para Abdeslam, até ele parece confuso, questiona seus advogados com o olhar e eles tampouco passam alguma segurança, mas o presidente não pronunciou a frase "sem liberdade condicional", e a pergunta que se espalha pelos bancos é "O que foi que ele disse? Ele disse artigo 132-23?". Jornalistas do mundo todo precisam escrever, gravar ou tuitar seus textos na próxima meia hora: que dureza. O presidente prossegue. Esse homem que costuma ser tranquilo tropeça nas palavras, enrola a língua, os lapsos se insinuam, sendo o mais espetacular aquele em que chamou Mohamed Amri de Mohamed Henri — o que, para um magistrado da idade dele, não é indiferente, se lembrarmos que o assassino da criança que Badinter tirou da guilhotina, obtendo ao mesmo tempo a abolição da pena de morte, se chama Patrick Henry. E foi imediatamente depois disso, "Mohamed Henri", que a imagem de repente congelou na tela. O presidente ficou de boca aberta, não se ouvia mais som, a transmissão foi interrompida. Bugou.

O GENERAL GAGO

No segundo terço do veredito, quando as penas estavam sendo anunciadas, no momento mais dramático do julgamento, bugou. Mas não é possível. Ficamos em suspenso, esperando que a transmissão volte. Não volta. Não sabemos o que fazer. Alguns ficam paralisados, outros saem para o corredor. Eu saio. Amontoamo-nos na frente da sala de audiência. Obviamente, está fora de questão entrar ali, está explodindo de gente. Vão fazer uma suspensão?, sussurramos. Enquanto consertam? Sem suspensão, diz Julien Quéré, do qual falarei em breve. Vamos seguir. Consternação geral. Para mim também, e então me lembro de uma história. Em 1849, aos 28 anos, Dostoiévski foi preso por ter participado de um complô terrorista e condenado à morte. Foi conduzido ao local da execução, ao lado dos outros conjurados. Colocaram o capuz em suas cabeças, amarraram-lhes aos postes enquanto o pelotão carregava os fuzis. Imediatamente antes da ordem de atirar, um emissário do tsar chegou e notificou que estavam perdoados. Um perdão relativo: Dostoiévski cumpriu quatro anos de trabalhos forçados num campo da Sibéria, de onde retornou como Dostoiévski, o homem que depois descreveu, em *Os demônios*, o alvoroço de baratas endoidecidas que é uma célula terrorista. O detalhe sublime, que os biógrafos não cansam de contar, é que por azar ou puro sadismo o emissário encarregado dc ler a carta que concedia a graça era um general *gago*. Fico imaginando o que aconteceu no minuto seguinte à interrupção da transmissão na Sala do leilão. Avisaram o presidente, ele teve que decidir no calor da hora: suspender a audiência enquanto isso é resolvido, porque não se pode fazer uma coisa dessas com duzentos jornalistas que vieram do mundo inteiro, ou, uma vez que já tinha começado, ir até o fim, porque não se pode fazer uma coisa dessas com os réus. Na crônica anterior, lamentei o fato de ele ter se preocupado com todo mundo menos com eles ao longo de sua deliberação. Ele se redimiu com brilhantismo. Ele disse: vamos seguir em frente. Ele se recusou a ser o general gago.

(Em tempo: costuma-se dizer que, na psicanálise, tudo se mostra já na primeira sessão; o mesmo ocorre com a primeira audiência do tribunal do júri. Interrogatório sobre os dados pessoais. Abdeslam, sua profissão? "Soldado do Estado Islâmico." Périès olha suas anotações e diz: "Aqui está escrito: trabalhador temporário". Não havia como prever essa réplica que se tornou lendária, ela lhe ocorreu sem um tom de humor nem sarcasmo. Ela estabeleceu sua autoridade para todo o julgamento. Da primeira à 149ª audiência: o mérito é de Périès.)

NO TOPO DA ESCADA

Estamos agora no alto da escada do Palácio, e Marie Dosé está resmungando. Marie Dosé está com Judith Lévy, advogada de Ali Oulkadi, e as duas têm motivos para estar felizes, porque Ali Oulkadi e os dois outros vão sair mesmo livres. Mas isso não é suficiente para agradar Marie Dosé. Ela é uma advogada apaixonada, cabeça-dura, carrancuda, adoro ela. Esse veredito é um despropósito, ela diz. Do ponto de vista do direito, um despropósito. Elas pediram a absolvição de Oulkadi. Ele foi declarado culpado de tudo, associação criminosa terrorista, ocultação de criminoso terrorista, coisas extremamente graves e pelas quais foi condenado a quê? Dois anos de regime fechado que ele já cumpriu, isto é, a pena por roubar uma bolsa em condições de imediato julgamento. O que isso significa? O que todo mundo sabe muito bem, que não existe nenhuma acusação terrível contra ele mas, em vez de absolvê-lo ou puni-lo com seus dois anos por uma simples ocultação de criminoso, o que seria a pura verdade, em nome da jurisprudência não vão deixar nada de fora da AMT, a famosa associação criminosa terrorista, que já era uma infração meio merda, diz Judith Lévy exagerando, mas está se transformando em um lixo de infração. Todo o objetivo da sentença, elas me explicam (adoro que Marie Dosé e Judith Lévy me expliquem as coisas, elas fizeram isso muitas vezes durante o julgamento), é evitar recurso. Mais do que tudo, evitar recurso. Por princípio, elas não vão pedir recurso para Oulkadi. A decisão é uma aberração, a etiqueta de terrorista vai ficar colada na testa dele por toda a sua vida, mas ele vai sair livre, é o principal. Chouaa e Attou também. De modo geral, deram a todos *um pouco menos* do que o Ministério Público pediu — deixando subentendido: considerem-se sortudos e tenham certeza de que vão receber mais se pedirem recurso — para concentrar tudo em cima de Abdeslam, o terrorista absoluto, definitivo e terminal, que vai ficar atrás das grades esperando a morte chegar, assim todo mundo fica satisfeito. Mais ou menos todo mundo: a opinião pública sim, a quem foi dado o recado de que, em se tratando de terrorismo, somos e sempre seremos implacáveis. Mas não todo mundo entre meus colegas de julgamento, incluindo as partes civis; para a maioria, essa pena sentenciada quatro vezes em 25 anos provoca um mal-estar. Por dois motivos, um de bom senso, outro de direito. O motivo do bom senso: se, em vez de terem morrido, os nove assassinos do comando estivessem no aquário, eles teriam pegado, e merecido, essa pena perpétua sem liberdade condicional. Mas ele? Ele, o comparsa besta, teria recebido o quê? Não a mesma pena, podemos ter certeza. Não pegamos os verdadeiros criminosos, ele está pagando por eles. Agora, o motivo do direito: a pena se baseia em uma construção jurídica torta. (Piada que corria nos tempos de Miterrand: o presidente tem dois advogados, Robert Badinter para o que é direito, Roland Dumas para o que é torto.) Legalmente, pode-se somar tudo pelo qual Abdeslam foi considerado culpado e ainda assim isso não permite condená-lo à pena máxima. Por onde quer que se olhe a questão, a conta não fecha. O que permitiria chegar a isso seria ter atirado nos policiais no Bataclan. Ora, ele não apenas não atirou em ninguém como nem estava no Bataclan. Não seja por isso, diz o Ministério Público, vamos considerar o conjunto das cenas de atentado como uma única cena de atentado. *Não ter atirado* em um café do 18º Arrondissement equivale a ter atirado numa casa de espetáculos do 11º Arrondissement. Isso se chama "intercambialidade" de salas, é a transposição territorial do ditado "Se não foi você, foi seu irmão, o que dá no mesmo", que é o grande recurso da AMT, e, com toda a estima que tenho pelos procuradores-gerais, me deixa perplexo. Deixa perplexo a mim, a muitos dos meus colegas, mas, para ser sincero, não dá para dizer que essa perplexidade nos paralisa. Não vai ser nesta noite que vamos inventar a hashtag #JeSuisSalah. Meia hora depois do veredito, que pode ser questionado mas não é escandaloso, já estamos pensando em outra coisa. Estamos no alto dessa escada onde passamos tantas horas conversando, fumando, chorando nas suspensões de audiência. Abaixo de nós, no boulevard, há trinta caminhões da CRS, a polícia federal francesa. Daqui a algumas horas eles vão embora, vamos poder atravessar livremente a Île de la Cité, que está bloqueada há quase um ano. Não sei quantas vezes no último ano ouvi meus amigos dizerem: você está enchendo nosso saco com esse seu julgamento que atrapalha o trânsito. *Meu* julgamento, isso mesmo. Nesta noite nós nos damos conta, todos, inclusive as pessoas que como eu eram apenas observadores, de que esse era o *nosso* julgamento, e ele chegou ao fim.

DESCEMOS A ESCADA

Desço a escada com Aurélie, cujo marido, Mathieu, foi morto no Bataclan. Não falei dela nessas crônicas, é sempre assim nas comunidades efêmeras, de algumas pessoas só ficamos amigos no fim. Ela me conta que, no dia 14 de novembro de 2016, sua irmã desligou a TV e disse: de agora em diante você não vai assistir a mais nada, não vai ouvir mais nada, não vai mais pensar nisso — você vai se concentrar na sua vida. O livro bonito que Aurélie escreveu, *Nos 14 novembre* [Nossos 14 de novembro],[1] fala de Mathieu, dos filhos deles, do luto, da intimidade, da vida, mas não *daquilo*. Ela se recusa a se deixar dominar por *aquilo*. Está fora de questão ir ao julgamento, muito menos dar seu depoimento lá. No dia 8 de setembro de 2021, um amigo do Bataclan insiste que ela o acompanhe: é um momento histórico, venha ao menos assistir. Ela vai arrastada, decidida a ficar antes da primeira barreira da polícia, na Place Dauphine. No entanto, agora que está no perímetro de segurança, fica com vontade de entrar, mas é obviamente impossível porque ela não tem nada, nem credencial nem crachá, nem sequer um documento de identidade. Um sujeito magro e nervoso aparece, a quem ela e o amigo expõem o problema, e ele diz aos policiais para deixarem-na entrar, e no dia seguinte fazem um crachá para ela. O sujeito magro e nervoso se chama Julien Quéré, a esse magistrado coube toda a organização do julgamento, e é importante registrar seu nome porque todo mundo tem alguma história desse tipo para contar, na qual Julien Quéré desenrola com um tato e uma eficiência sobrenaturais as situações mais inextrincáveis. Ele era o chefe dessa organização, todos os seus subordinados eram parecidos com ele e acredito que ninguém,

[1] Aurélie Silvestre, *Nos 14 novembre*. Paris: Lattès, 2016.

nem das partes civis, nem de modo geral qualquer pessoa que acompanhou o julgamento de algum outro lugar, se sentiu negligenciado. Pascale Robert-Diard, do *Le Monde*, a heroína da vida real de todos os cronistas judiciários, escreveu um artigo que teve uma certa repercussão dizendo que era bom que se desse tanta atenção às vítimas, mas ali já estava um pouco demais, estavam colocando-as numa redoma. Esse é o tipo de opinião com que concordo espontaneamente, mas na verdade essa redoma teve grande valor, todo mundo gostou de ter sido tratado assim. Todo mundo ficou agradecido. Todo mundo diz: é inacreditável como *deu tudo certo*. Aurélie está na sala. Ela examina a caixa. O aquário dos réus está muito longe, à esquerda. Ela não quer vê-los, mas em volta de si observa os sobreviventes, as pessoas enlutadas, seus semelhantes numa vida que se dividiu em antes e depois. Alguns dias mais tarde, o presidente faz a chamada dos fantasmas, os nomes dos 130 mortos ressoam no silêncio que oprime a todos, e ela sente no seu corpo, como uma onda, a dimensão coletiva do que está acontecendo aqui, uma história maior que ela mesma e da qual entende que vai participar. No início vem de vez em quando, depois cada vez mais. No início, não olha para a esquerda, na direção do aquário, na direção da zona perigosa, exposta à radiação. Esta é uma linha que divide as vítimas quando elas vão à tribuna depor: aquelas que, em determinado momento, se viram para a esquerda, olham para eles, se dirigem a eles, e aquelas que não fariam isso por nada neste mundo. Chega o dia do seu depoimento, que é perturbador. Os jornais que o reproduzem dão o seguinte título: "Tornei-me uma atleta do luto". Ela começa a ir à cervejaria Deux Palais. Conhece as outras pessoas. A sequência dos investigadores belgas, no começo do inverno, é mesmo a maré baixa do V13, o tédio é imenso, e isso não a desanima. Georges Salines, que dá nome aos bois, fala abertamente em vício. Todo mundo que interroguei diz o mesmo. Eles foram fisgados, era fascinante até quando era entediante, quem subiu não consegue descer no meio do caminho. Minha experiência pessoal tem menos peso, mas no início eu também pensava: vamos ver como vai ser. Em princípio, vou acompanhar o julgamento todo, mas se depois de três meses me cansar vou dizer aos meus amigos do *L'Obs* que vou parar, eles e eu ficaremos um pouco decepcionados, mas não vai ser nenhum drama. Nunca, em nenhum momento, cogitei parar. Nunca tive vontade de sair da caixa. Eu sabia, nós sabíamos que aquilo que estávamos vivendo juntos era bem diferente de um troço cheio de virtudes para a História, o happening judiciário faraônico e ilusório que tínhamos bons motivos para temer no início. Bem diferente: uma experiência única de pavor, compaixão, proximidade, presença. Levei um tempo para me dar conta de que a caixa se parece com uma igreja moderna e que ali se desenrolou algo de sagrado. Aurélie: "Eles nos deram um lugar e tempo, todo o tempo que fosse necessário para lidar com a dor. Transformá-la, metabolizá-la. E funcionou. Aconteceu. Nós partimos, fizemos essa longa, longa travessia, e agora o barco está entrando no porto. Vamos desembarcar".

Vamos beber.

NA CERVEJARIA DEUX PALAIS

Peço desculpas se isso soar frívolo, mas não é. A noite que se seguiu foi a mais extraordinária que já vivi e que provavelmente viverei em toda a minha vida. Todo mundo que estava lá vai dizer a mesma coisa. Descemos a escada em pequenos grupos e nos dirigimos ao Deux Palais, a cervejaria balzaquiana, mágica, onde há muitas gerações encontram-se a qualquer hora, num farfalhar de becas pretas e muitas vezes num rastro de tragédia, magistrados, advogados, jornalistas, litigantes e também casais que acabaram de se divorciar e tomam juntos um último café desajeitado e triste antes de cada um ir cuidar da nova vida. Como por algumas horas ainda haverá a barreira policial, é preciso mostrar o crachá para chegar a esse trechinho da Île de la Cité que na verdade virou privativo. Só estamos nós no Deux Palais, nós que passamos tantas horas naqueles sofás escuros, diante daquelas mesas de madeira envernizada, nós, essa comunidade que nesta noite se desfaz. Estamos todos aqui, e conosco mais de um terço das partes civis, uma quantidade suficiente para que os outros, aqueles que não sofreram, aqueles que como eu estão do outro lado, possam dizer a si mesmos que o estranho entusiasmo desta noite não é inapropriado.

Ou será que é? Cícero, Heitor e Prático, os três réus pequenos que conseguiram escapar, mas também tiveram um papel no trabalho da morte: é inapropriado que estejam aqui, atônitos, sem acreditar na própria sorte, e que nós os congratulemos, e os abracemos, e façamos selfies com eles? A pergunta está posta, as respostas variam. Uma moça que ficou com deficiências severas por ter tido a péssima ideia de comemorar seu aniversário no Belle Équipe foi embora com seu companheiro, de tão obsceno que achou esse espetáculo. "Ganhei mais beijos nesta noite que no meu casamento", diz Ali Oulkadi. Seus dois colegas estão proibidos de residir em território francês por dez anos, mas, bom, esses dez anos só começam amanhã, nesta noite até mesmo os procuradores, enternecidos, os observam desabrochando diante de seu fã-clube crescente. Tão distantes e quase intimidadores ao longo das audiências, sempre ausentes nas suspensões, os três procuradores-gerais agora parecem colegas com quem saímos para beber e fazer uma caminhada — esse é o hobby de Nicolas Braconnay, que daqui pra frente só conseguimos imaginar usando um moletom polar Quechua. Camille Hennetier está usando um vestido leve e Olivia Ronen, que defendeu Abdeslam com Martin Vettes, e que parece ser muito jovem, uma estudante, me diz: "Eu te irritei, né? Não sei quantas vezes você escreveu que eu te irritei". Respondo com sinceridade, nesta noite todo mundo é sincero: "Sim, você me irritou com a sua agressividade e o seu Salah para cá, Salah para lá, mas fiquei impressionado. Você e Martin lutaram como leões. Acho que a pena já estava dada desde o começo. Não havia nada que vocês pudessem fazer. E, no fim da sua alegação, você caminhou sobre as águas, Olivia. Foi bonito".

OS FLASHES

Estamos aqui, estamos juntos, comentamos o veredito, nos abraçamos e, quando prometemos que não vamos deixar de nos falar, sei que em muitos casos isso vai mesmo acontecer. O que vivemos juntos foi muito forte, incomunicável, quem não esteve aqui nunca vai saber. Com exceção de alguns que se se fixaram em alguma mesa com a sua turma, muitos como eu passam de grupinho em grupinho. Nos cruzamos algumas vezes. Nesta noite, cruzei uma dúzia de vezes com Yann, com quem eu e Nadia fomos explorar o arbusto conspiratório, e por um momento me lembrei do seu depoimento, no último outono. Quando as balas o atingiram, ele viveu uma sensação de isolamento muito profundo. Ficou tudo escuro. Sua alma foi embora para um delírio tranquilo, anestesiado, de onde os gritos de sua namorada, Gaëlle, o arrancaram. Ele entendeu que ela corria o risco de morrer, que isso era real. Eles se arrastaram juntos até a cozinha e se viram os três — havia também o irmão de Yann — nessa cozinha do Petit Cambodge, onde um telefone pendurado na parede não parava de tocar e ele atendeu. Primeiro, era alguém que queria fazer um pedido de *bo bun* para entrega, e ele respondeu que naquele momento não seria possível, e depois pessoas aterrorizadas que queriam saber o que estava acontecendo e ele repetia, atordoado, esta frase estranha: está tudo bem, atiraram em nós mas está tudo bem. Os feridos gemiam, os socorristas carregavam corpos e Yann, que é fotógrafo, tinha espécies de flashes: ele via individualmente cada um desses mortos, desses feridos, dessas pessoas vivas que não conhecia, cada um em sua dor infinita e particular, e a história de cada um, a dor de cada um, a alma de cada um estourava em câmera lenta como bolhas de silêncio e luz diante dos seus olhos. "Sim", me disse Yann, quando lembrei esse momento que me impressionou tanto no seu depoimento, "Sim, isso voltou a acontecer no julgamento. Os flashes voltaram, tive de novo essa sensação física de que todos estavam ao meu redor e eu tinha acesso a cada um. Meu fantasma, no início, era saber exaustivamente tudo o que aconteceu no meu local do atentado. Depois o perímetro se ampliou. Ainda sou do Petit Cambodge, mas pouco a pouco conheci as pessoas das outras esplanadas, do Bataclan, do Stade de France e até da Rue du Corbillon, e também queria saber tudo sobre elas." As últimas palavras do depoimento de Yann: "Agradeço por este julgamento. Agradeço por vocês entrarem em detalhes". É verdade, entramos em detalhes, e me lembro de outra coisa que pensei no último outono e que também foi para mim uma espécie de flash. Pensei que a ambição do V13 era insana, desmesurada, romanesca: durante nove meses, analisamos por todos os ângulos, de todos os pontos de vista, remontando ao mais distante possível, aquilo que resultou nessas algumas horas de horror. Tentamos ler o livro inteiro. Yann e eu continuamos nossa ronda pelos grupinhos, cada um na sua mas certos de que, nesta noite, nos cruzaríamos de novo. "Você já está indo?" "Não, ainda não." No V13, não precisávamos combinar de encontrar as pessoas que queríamos ver. Dizíamos "até amanhã". Fico triste ao pensar em todas essas pessoas para quem não direi mais "até amanhã". Meia hora depois, cruzo novamente com Yann, que me diz: "Você não tem a impressão de que isso aqui que está acontecendo é uma alucinação?".

"FOI BOM"

Amontoamo-nos no bar, não pedimos mais taças e sim garrafas. Os advogados das partes civis pagam champanhe para os advogados da defesa. Faz quatro anos que não bebo uma gota de álcool, mas nesta noite fiquei bêbado, todo mundo ficou. Grudado no balcão, me inclino para ouvir o que um amigo jornalista está me dizendo: "Você vai cobrir Nice?". É uma pergunta recorrente na *presse ju'*: o julgamento do massacre terrível do caminhão, que aconteceu em 14 de julho de 2016 na Promenade des Anglais, vai começar em setembro, na mesma sala. Respondo que não, com certeza não: acompanhar um julgamento *terro* por um ano é suficiente para uma vida, se essa não é a sua profissão. "Você está certo, e além de tudo vai ser horrível. Os fatos são ainda piores — as famílias, as crianças esmagadas dentro dos carrinhos... — e, nas partes civis, não vai ter isso de sociologia das esplanadas ou do Bataclan. Não vai ser no espírito *Meu ódio você não vai ter*. Ainda assim, vai acontecer ali em cima, na caixa... Você não vai sentir um pouquinho de saudade? Não vai se sentir tentado a vir uma ou duas vezes? De pedir um crachá de visitante?" Nós rimos, mas ele tem razão: se você já viu o que acontece dentro da caixa, como não se sentir tentado a voltar ali ao encontrar a porta encostada? Abrindo espaço entre as pessoas, saio para a esplanada, onde duas moças embriagadas dão em cima dos seguranças dos procuradores-gerais, impassíveis. Um sujeito que não reconheço, que não devia vir sempre, me diz: "Não é engraçado que tudo isso acabe numa esplanada?". Confirmo com a cabeça, sim, é engraçado. "As esplanadas ganharam!", berra o sujeito. Eu me afasto e cruzo com Aurélie, que está levando uma garrafa e taças para sua mesa. Digo a ela aquilo que todos dizemos: "Então acabou…". "Sim, acabou", ela diz. E depois: "Foi bom. Agora posso voltar para casa".

Allahu Akbar

Em 2018 Nadia voltou para o Cairo, sua cidade natal. A última vez que havia estado lá tinha sido com Lamia, em 2014. Elas fizeram um passeio tranquilo pelo parque Al-Azhar, perto da mesquita conhecida no mundo todo por ser o coração do islã sunita. O sol estava se pondo, os chamados para a oração vinham da cidade imensa, em ebulição, a cidade que as duas mais amavam. Elas escutavam os *Allahu akbar* ecoarem no céu dourado. Estavam em paz. Quatro anos depois, Nadia ficou sozinha durante muito tempo no lugar onde elas tinham ficado durante muito tempo juntas. Escutou os *Allahu akbar* subirem da cidade imensa, em ebulição, e ecoarem no céu dourado. Um policial se aproximou para dizer que o parque ia fechar. Só havia ela ali, precisava ir embora. Nadia queria ficar um pouco mais. O policial insistia, mas em vez de obedecer ela começou a contar para ele, em árabe, o que tinha acontecido. As palavras vinham naturalmente, tranquilas, e ao falar ela entendeu que o principal, a coisa mais importante que podia fazer, era contar aquilo em árabe para um policial egípcio desconhecido. O policial também entendeu. Ao fim do relato, ele disse para Nadia: a sua filha e as outras pessoas são *shahid*, mártires, e escutar da boca desse policial egípcio que os mártires eram eles, não os assassinos que atribuíam a si mesmos essa distinção, em sua ignorância crassa e manipulada, era como se o mundo voltasse para o lugar.

Agradecimentos

Estas crônicas foram publicadas no *L'Obs* e reproduzidas em *La Repubblica*, na Itália, *El País*, na Espanha, e *Le Temps*, na Suíça. Fiz alguns retoques; incluí, sobretudo, algumas passagens que não cabiam nos meus 7800 caracteres semanais. Por isso o livro é cerca de um terço mais longo do que aquilo que foi publicado no jornal.

Agradeço a Cécile Prieur, diretora de redação, por ter aceitado essa colaboração, e a Grégoire Leménager por ter sido o redator-chefe ideal. No posfácio que generosamente escreveu para este livro, ele diz que eu fui um freelancer perfeito: enfim, nós nos entendemos perfeitamente. Obrigado também a Violette Lazard e a Mathieu Delahousse, meus colegas do *L'Obs*, por terem me impedido de escrever uma boa quantidade de besteiras.

Um julgamento longo é também um ambiente de aprendizado. Cada um compõe seu círculo informal de jornalistas, partes civis, advogados dos dois lados, com quem conversa durante as suspensões de audiência e às vezes sai para beber depois. Aqui, o nome de algumas dessas pessoas, a quem agradeço por terem sido meus companheiros: Helena Christidis, Jean-Marc Delas, Arthur Dénouveaux, David De Pas, Marie Dosé, Stéphane Durand-Souffland, Pascale Égré, David Fritz Goeppinger, Camille Gardesse, Frédérique Giffard, Negar Haeri, Camille Hennetier, Judith Lévy, Delphine Meillet, Xavier Nogueras, Vincent Nouzille, Charlotte Piret, Julien Quéré, Hélène Quiniou, Jean Reinhart, Yann Revol, Pascale Robert-Diard, Georges Salines, Henri Seckel, Soren Seelow, Aurélie Silvestre, Mathieu Suc, Isabelle Sulpicy, Sylvie Topaloff.

Nadia Mondeguer.

Posfácio
Um jornalista

por Grégoire Leménager

As crônicas aqui reunidas não surgiram do nada. Elas têm uma história, até mesmo uma pré-história, que talvez valha a pena resumir para que se entenda um pouco o significado, visto dos bastidores, de um jornalista como Emmanuel Carrère. Trata-se de alguém que conhece a profissão. Foi no *Le Nouvel Observateur* que, em 1996, ele publicou dois artigos sobre o Caso Romand que lhe impulsionariam para a escrita de *O adversário*; depois, em março de 2012, uma grande reportagem sobre a Rússia, que podíamos ler como um formidável post scriptum a *Limonov*. Três artigos que em 2016 constituíram, ao lado de muitos outros, em diversos formatos, um tijolo apaixonante cujo título se inspira num velho ditado chinês: *Il est avantageux d'avoir où aller* [É vantajoso ter para onde ir].

Foi uma alegria, portanto, quando no fim do outono de 2020, pouco depois da publicação de *Ioga*, que parecia tê-lo deixado desocupado, se não vagamente desamparado, Emmanuel Carrère escreveu para Jérôme Garcin, que comanda as páginas culturais do *L'Obs*:

> Caro Jérôme,
> Espero que você esteja tão bem quanto o momento permite — isto é, que você e sua família estejam, ao menos, com saúde.
>
> Escrevo esta mensagem para dizer que estou com vontade de fazer reportagens. A primeira vez que lhe disse isso foi em 1990, e o resultado foi uma série de crônicas judiciárias para o *L'Événement du Jeudi*. Depois cobri para vocês o julgamento Romand, ou seja, nossa história é coisa antiga, e que continua. Nós nos conhecemos, você conhece o tipo de coisa que me deixa à vontade: nada de crítica, e sim trabalho de campo, pode ser um caso de polícia, poderia ter sido a República do Alto Carabaque. Você pode deixar isso registrado em algum lugar

do seu pensamento? Espalhar isso para as seções de cotidiano ou internacional do *L'Obs*?

Muito obrigado.

Jérôme Garcin espalhou a notícia. Com a pequena equipe que tinha acabado de tomar as rédeas da redação, sob a direção de Cécile Prieur e seu outro adjunto, Clément Lacombe, reuni-me com Carrère e conversamos sobre diferentes temas que poderiam interessar-lhe. A coisa aconteceu rápido.

Ele foi se enfiar por uma dúzia de dias onde ninguém acha vantajoso ir, porque ninguém fala disso nem quer ouvir falar desse tipo de lugar: uma unidade de psiquiatria pediátrica no hospital Pitié-Salpêtrière. Daí resultou, na época do Natal, o texto "Les Enfants de la Pitié" [As crianças da Pitié], um relato perturbador de dez páginas sobre uma realidade dura e pouco conhecida, que publicamos com orgulho em janeiro de 2021.

Emmanuel Carrère também parece se orgulhar desse mergulho no mundo de adolescentes destruídos na época da covid. Então tivemos uma outra ideia no *L'Obs* para lhe oferecer: cobrir todo o julgamento histórico dos terríveis atentados do Treze de Novembro, cujo início tinha sido anunciado para setembro. Naturalmente, Violette Lazard, Mathieu Delahousse e Vincent Monnier, os excelentes especialistas no caso V13, não deixariam de estar no jornal. Mas, para trazer um olhar um pouco diferente sobre esse acontecimento de peso, que prometia ser extremamente coberto pela imprensa, tudo levava a crer, no currículo de Carrère, que esse freelancer completaria muito bem nossa equipe. Em *O adversário*, ele escrevera a história de um assassino pouco comum, que já pratica uma espécie de *taqîya* ao ocultar de sua família uma parte considerável de sua vida. Soubera evocar a dor do luto em *Outras vidas que não a minha*. Em *O Reino*, analisara alguns disparadores da radicalização religiosa. Tinha acabado de adaptar para o cinema *Le Quai de Ouistreham* [O porto de Ouistreham], de Florence Aubenas, que, se pararmos para pensar, também conta uma história de *taqîya*.

Bem, quanto mais falávamos disso, mais pensávamos que, por desencargo de consciência, precisávamos falar com Carrère sobre esse julgamento monstruoso. ("Por desencargo de consciência" porque, para ser sincero, não pensávamos que um cara como ele, que dedica a maior parte do seu tempo a escrever livros e viajar para lá e para cá, quando não está ocupado fazendo um filme, poderia ter a abnegação necessária para passar meses inteiros sentado desconfortavelmente num tribunal de segurança máxima, ouvindo audiências cansativas e intermináveis.) O único problema era que, para fazer a proposta, precisávamos ter notícias dele. Enviamos algumas mensagens simpáticas e não tivemos resposta. Emmanuel Carrère havia educadamente sumido do radar.

Ele reapareceu em 11 de maio de 2021 com um SMS muito direto e, ao mesmo tempo, bastante enigmático — que, pensando agora, era a cara dele: "Grégoire, gostaria de falar com você. Um café entre vizinhos? Emmanuel". Não somos exatamente vizinhos, mas não importa. Respondi sugerindo algumas datas. A resposta dele não demorou a chegar: "Amanhã à tarde está ótimo. Pode escolher a hora. Você vem aqui à minha casa?". A casa, entendi logo ao entrar, não seria mais dele em breve. Era um apartamento vazio, mobiliado exclusivamente por pilhas de caixas de papelão, que iriam embora no fim de semana seguinte. Eu mesmo estava no meio de uma mudança, foi esse o nosso assunto mundano durante uns quatro minutos. Não foi preciso esperar muito mais para ir direto ao ponto: ele tinha enfiado na cabeça a ideia de acompanhar o "julgamento do Treze de Novembro", enxergava aí o material para um livro futuro, enquanto isso gostaria de contá-lo no formato de crônicas semanais em um jornal. O projeto não era mais elaborado que isso. Ele parecia um pouco um pianista que, para preparar um concerto monumental, tenta impor a si mesmo uma disciplina, uma rotina para se exercitar, com regularidade e independente do humor. Mas, por ora, ele sabia muito bem o que queria: ir todos os dias ao tribunal, como outras pessoas vão "ao escritório". Em meia hora, eu já tinha ido embora.

Será que a cobertura que Yannick Haenel fez para o *Charlie Hebdo* do julgamento dos atentados de janeiro de 2015 tinha dado alguma ideia a Emmanuel Carrère? De todo modo, a questão da rotina e da regularidade parecia importante: o que ele pedia, antes de tudo, era que lhe garantíssemos um espaço fixo no jornal, sempre do mesmo tamanho, independente do interesse dos debates, até mesmo da atualidade. Logo chegamos a um acordo sobre o espaço: 7800 caracteres, a serem entregues no máximo na segunda-feira de manhã. Esses 7800 caracteres às vezes se tornaram 8 mil, até 8300,[1] que nossos diagramadores sempre conseguiram fazer caber, como um milagre, na página dupla reservada para ele, mas nunca precisei cobrar. Trabalhar com um jornalista como Emmanuel Carrère é trabalhar com um jornalista perfeito, que faz questão de entregar a cada semana um texto perfeito, perfeitamente no prazo, sem o menor erro de sintaxe ou o menor problema de compreensão do texto. Um jornalista que ainda por cima responde na hora quando temos uma sugestão de título ou, às vezes pode até acontecer, de um ajuste microscópico.

(Essas qualidades podem parecer básicas, até medíocres; mas todos os redatores-chefes do mundo adorariam que, de vez em quando, fossem mais comuns na profissão.)

E foi assim que a cada dia, com seus colegas de equipe do *L'Obs*, uma resistência de maratonista e um caderno vermelho grosso no qual às vezes, e de repente, ele rabiscava alguma coisa durante a audiência, esse jornalista foi se confinar no coração de Paris, usando um cordão laranja em volta do pescoço, numa grande caixa de madeira branca onde passou dez meses sentado desconfortavelmente. Foi assim que, a cada semana, de 2 de setembro de 2021 a 7 de julho de 2022, ele descreveu em detalhes para os leitores do *L'Obs* a terrível história, cheia de sangue e lágrimas, daquele maldito 13 de novembro de 2015. E foi assim que, durante quase um ano, cada fim de semana meu terminava com um ritual que já me faz falta: a releitura atenta dos cerca de 8 mil caracteres que Emmanuel Carrère me enviava.

Grégoire Leménager é diretor-adjunto da redação do L'Obs

[1] Para dar uma ideia do que isso representa, este posfácio tem 7977 caracteres.

ESTA OBRA FOI COMPOSTA PELA ABREU'S SYSTEM EM ADOBE GARAMOND
E IMPRESSA EM OFSETE PELA LIS GRÁFICA SOBRE PAPEL PÓLEN NATURAL
DA SUZANO S.A. PARA A EDITORA SCHWARCZ EM AGOSTO DE 2024

FSC
www.fsc.org
MISTO
Papel | Apoiando o manejo florestal responsável
FSC® C112738

A marca FSC® é a garantia de que a madeira utilizada na fabricação do papel deste livro provém de florestas que foram gerenciadas de maneira ambientalmente correta, socialmente justa e economicamente viável, além de outras fontes de origem controlada.